Marcella Danon
Prophezeiungen
für das 3. Jahrtausend

Titel des italienischen Originals:
»Profezie per il Terzo Millenio«

Einzig berechtigte Übertragung aus dem Italienischen:
Manuela Eder und Silvia Ploner

Bildnachweis:
Alle Illustrationen stammen aus dem Archiv von RCS mit Ausnahme der folgenden Illustrationen:
Bardazzi 56-57, 96-97, 98; Roberto Bartelli 76; California Institute of Technology and Carnegie Institution of Washington 90; Edizioni Sinthesis, Turin; foto FAO 118; Fabio Sartori 115; Roberto Parisio 84-85; Luciano Mongai 72.

Deutsche Erstausgabe

Einbandgestaltung: Volkmar Reiter
Satz: Context Type & Sign Pink, St. Veit/Glan
Gesamtherstellung: Gorenjski Tisk, Kranj, Slowenien

Marcella Danon

Prophezeiungen für das 3. Jahrtausend

VERLEGT BEI
KAISER

Inhalt

EINLEITUNG

Die Generation der Jahrtausendwende steht vor einer großen Herausforderung. Nicht nur, dass sich die moderne Welt ohnehin rascher als je verändert, zahlreiche antike und neuzeitliche Prophezeiungen in diversen Schriften und in der alten und jüngeren Überlieferung enthaltene Geschichten sagen noch weitaus drastischere Veränderungen für unsere Zeit voraus. Unsere Gesellschaft konzentriert sich schon seit langem zu sehr auf die materielle Wirklichkeit, um noch einen Sinn für Vorahnungen, Warnungen und Prophezeiungen zu haben und all jenem Beachtung zu schenken, was sich der sinnlichen Wahrnehmung und der wissenschaftlichen Beweisführung entzieht. Doch auch der moderne Mensch ist nicht gegen die Angst vor dem Ungewissen und die Unsicherheit gegenüber der Zukunft immun, mag er auch die Orakel, Priester und Seher durch Wahrscheinlichkeitsrechnung und Futurologie ersetzt haben und nun auf der Basis von Statistiken, Computersimulationen sowie verschiedenen Hypothesen und Szenarien einen Blick auf das, was da kommen wird, zu erhaschen hoffen. Das Auffallende daran sind die Ähnlichkeiten zwischen den Voraussagen der Weisen, Propheten und Seher aller Zeiten und jenen der Ökologen, Soziologen und zeitgenössischen Wissenschafter, die ebenfalls Bilder von einer bevorstehenden, dramatischen Veränderung der Welt zeichnen. Zweifellos befinden wir uns derzeit in einer Übergangsphase von den alten Formen, die der Realität, in der wir leben, nicht mehr entsprechen, zu neuen Inhalten, die noch keine konkrete Ausdrucksform angenommen haben. Zwischen dem Niedergang einer Ära, der in zahlreichen mehr oder weniger schauerlichen, dramatischen und blutigen Versionen in vielen Prophezeiungen beschrieben wird, und dem Beginn eines absolut neuen Zeitalters steht ein ebenfalls in mehreren Varianten beschworener Prozess der Erneuerung. Allein das Klima, das diese Konstellation schafft, rechtfertigt es wohl, und sei es nur aus Neugier, uns näher mit diesem Thema zu beschäftigen, ohne jedoch dabei zu vergessen, dass es immer schon das ureigenste Wesen der Prophezeiung war, dem Menschen seine Rolle als ausführendes Organ der Ereignisse und damit die Möglichkeit einer Wahl niemals zu verweigern.

DAS ENDE DER WELT?

Die aus echter Inspiration entstandenen Prophezeiungen erfolgten und erfolgen immer in Form einer Mahnung, nicht als unabwendbarer Urteilsspruch. Sie hatten und haben stets die Aufgabe, eine Gesellschaft zum Nachdenken über die Gegenwart, die Vergangenheit und die Zukunft aufzufordern, um ihr Verhalten richtig beurteilen und korrigieren zu können. Das ist das Hauptkriterium, das eine Prophezeiung von einer simplen Vision unterscheidet, von einer Vorahnung und einer Weissagung oder einer, die als solche ausgegeben wird.

Im Alten und Neuen Testament und in allen Heiligen Schriften, auf die sich die großen Religionen stützen, sind Prophezeiungen enthalten. Wir finden sie in den Sprüchen der klassischen Orakel, in den Worten der Seher, sie werden über ein Medium oder durch die Inspiration besonders sensibler und empfänglicher Personen ausgedrückt, und wir finden sie auch in den Aussagen von Wissenschaftern und Futurologen sowie in den persönlichen Erwartungen der Philosophen wieder. Heute sind die Fragen in Bezug auf die Zukunft aktueller denn je, und es gibt viele Antworten, die sich aus der Vergangenheit und der modernen Welt anbieten. Wer aufmerksam hinhört, gelangt bald zu jenem Schluss, der sie alle zu verbinden scheint: Wir befinden uns vielleicht am Ende einer Zeit, nicht unbedingt aber auch am Ende der Welt.

DIE ALTEN HEILIGEN SCHRIFTEN

»Wenn die tausend Jahre vollendet sind«

Mitternacht, 31. Dezember 1999: ein Termin, an den große Erwartungen geknüpft werden, die sicherlich mehr mit menschlicher Neugier und Aberglauben zu tun haben als mit Erfahrung, besonders wenn man sich vor Augen hält, was bei der letzten, ebenso gespannt erwarteten Jahrtausendwende geschah, oder, besser gesagt, nicht geschah. Im Mittelalter war die Überzeugung, dass das Ende der Welt unmittelbar bevorsteht, weit verbreitet und hat Generationen von Menschen geprägt. »Wenn die tausend Jahre vollendet sind« war der Schlüsselsatz einer verzerrten Interpretation eines berühmten Abschnittes der *Offenbarung*, die von der Befreiung Satans nach tausend Jahren spricht. Durch diesen Text entstand in der christlichen Welt eine wahre Massenpsychose, als sich das Ende des ersten Jahrtausends näherte. Als sich die Prophezeiung nicht erfüllte, meinten viele, der Fluch würde sich auf das Ende des nächsten Jahrtausends beziehen.

Die *Johannesoffenbarung* ist hierzulande sicherlich der bekannteste unter den Texten, die das Ende einer Ära und den Beginn einer gänzlich neuen Zeit heraufbeschwören. Doch er ist bei weitem nicht der einzige: Auch in den anderen Heiligen Schriften der großen Weltreligionen finden wir ähnliche Visionen.

Vishnu Purana, eine der ältesten, in Sanskrit verfassten Heiligen Schriften Indiens, enthält eine Prophezeiung, in der das eiserne Zeitalter *Kaliyuga* als das Ende eines Zyklus, dessen Abschnitte durch ein gemeinsames End- und Anfangsglied in Form eines goldenen Zeitalters miteinander verbunden sind, beschrieben wird. Bei der Beschreibung, die von diesem Zeitalter abgegeben wird, kann man nicht umhin, an unsere aktuel-

le Welt zu denken: »Dem Körper und dem physischen Heil gilt die einzige Verehrung, die einzige Leidenschaft ist zwischen den Geschlechtern, der einzige Weg zum Erfolg ist Verschlagenheit. Die Erde wird nur wegen ihrer materiellen Schätze verehrt. Das Gewand des Priesters ersetzt innere Qualitäten. Der, der mehr Geld besitzt und verteilt, wird Herr über die Menschen, und alle konzentrieren ihre Wünsche auf den Erwerb von Geld, ungeachtet der Rechtmäßigkeit.«

Im Alten Testament ist es besonders der Prophet Jesaja, der die Menschheit vor den Ereignissen warnt, die da kommen sollen: »Verheert wird die Erde, verheert, geplündert wird sie, geplündert. Ja, der Herr hat es gesagt. Die Erde welkt, sie verwelkt, die Welt zerfällt, sie verwelkt, Himmel und Erde zerfallen. Die Erde ist entweiht durch ihre Bewohner, denn sie haben die Weisungen übertreten, die Gesetze verletzt, den ewigen Bund gebrochen« (*Jesaja* 24, 3-5).

Im Koran steht geschrieben, dass das Ende der Welt vom Niedergang des Glaubens unter den Menschen angekündigt wird, dass Personen mit niederen Beweggründen die höchsten Ämter bekleiden, ein Krieg gegen die Türken geführt und große Naturkatastrophen eintreten werden.

Im Orient findet man kaum Prophezeiungen, die von einem Ende der Welt sprechen, denn so wie die Erde niemals aus dem Nichts erschaffen wurde, kann sie auch nicht in das Nichts zurückkehren. Hier sind es vor allem verschiedene Zeitalter oder Bewusstseinsstufen, die durchlaufen werden müssen, und bevor man in einen Zyklus der Illumination und Harmonie eintritt, gibt es gewöhnlich eine Zeit des Verfalls und des Umsturzes.

ORAKEL, HEILIGE UND SEHER

Kriege und Katastrophen als Boten der Erneuerung

Nicht nur in den Heiligen Schriften der großen Religionen erheben Propheten ihre Stimme und verbreiten das Wort Gottes im Hinblick auf eine nahe oder ferne Zukunft, wobei einige der Weissagungen auch für unsere moderne Zeit gelten könnten. Schon in der Antike wurden Orakel und Sibyllen von zahlreichen geistlichen und weltlichen Würdenträgern konsultiert, und so mancher dieser Sprüche reicht mit seinem obskuren Inhalt bis in die heutige Zeit hinein. »Mondlose Finsternis wird den mächtigen Himmel umfangen, und ein schwerer Nebel wird sich über die Furchen der Erdkruste legen«, sagte die Sibylle aus Erythräa voraus, und die Sibylle Libyssa fügte hinzu: »Und danach werden Frieden und Wahrheit sein, und die fruchtbare Erde wird mehr Früchte bringen als zuvor, und sie wird nicht mehr unter vielen aufgeteilt sein und von anderen bestellt werden.«

Eine präzise Beschreibung der dramatischen Ereignisse, die dem Werden dessen, was er selbst als eine neue Menschheit bezeichnet, vorangehen sollen, liefert der König der Hellseher, der legendäre Nostradamus, der in den 966 Vierzeilern seiner zehn *Centurien* mit unglaublicher Genauigkeit zahlreiche kleine und große Ereignisse unserer heutigen Zeit bereits im 16. Jahrhundert vorausgesagt hat.

Es ist keine leichte Aufgabe, die rätselhaften, aus Angst vor der Inquisiti-

on sorgfältig verschlüsselten Verse zu deuten. Der Juli 1999 wird als entscheidender Moment in einem großen, weltweiten Konflikt gedeutet, der die folgenden Jahre maßgeblich bestimmen wird. Zahlreich sind die Prophezeiungen einzelner seherisch begabter Personen, die, oft in Klöstern und Abteien formuliert, in der mündlichen Überlieferung bis heute überdauert haben oder von Historikern und Mystikern dokumentiert wurden. Sie alle sagen in irgendeiner Form große, schreckliche Ereignisse voraus, wie etwa Kriege oder Naturkatastrophen, die einer Ära der Erneuerung vorangehen, und so gut wie alle von ihnen sind, wie man unschwer feststellen kann, stark an die *Apokalypse* angelehnt.

Zahlreiche Ereignisse werden von Sehern und Propheten verschiedener Epochen ähnlich beschrieben, oft weicht nur der Zeitpunkt ab, an dem ihr Eintreffen erwartet wird. Der Höhepunkt des Umwälzungsprozesses, den die Menschheit durchlaufen muss, die Katastrophe planetarischen Ausmaßes, die die extremsten unter ihnen heraufbeschwören, stand für manche bereits in den Siebzigerjahren bevor, andere erwarteten sie für 1980, wieder andere für 2000, 2015 oder 3117. Übrigens hatte sich selbst Nostradamus geirrt, als es darum ging, den eigenen Tod vorauszusagen: Er starb bereits 1566 und nicht, wie er angenommen hatte, 1567.

Man muss sich vor Augen halten, dass der Verlauf der Ereignisse immer auch vom Menschen und seinem Verhalten abhängt, daher besteht die oft von den Propheten selbst eingeräumte Möglichkeit, dass einige der beschriebenen Ereignisse lokal begrenzt und in weniger dramatischem Ausmaß eintreffen als vorausgesagt. »Das Ausmaß der Katastrophen und die menschlichen Verluste in den verschiedenen Ländern hängen vom Verhalten ab, das die Erdenkreaturen an den Tag legen, bis das Ende der Welt eintrifft«, schrieb der Hellseher Karmohaksis in den Fünfzigerjahren.

MEDIEN, TRANCE UND CHANNELLING

Das Erwachen der individuellen Verantwortung

Es gibt ein allgemeines Programm, in dem hunderte von Wesen ihre Mission in eurer Welt erfüllen, und jedes einzelne von ihnen lässt euch etwas erkennen, das in euch die Bruderliebe weckt, die Selbsterkenntnis, die die spirituellen Führer der Menschheit immer als bedeutsam, ja als eine brennende Notwendigkeit gesehen haben.« Mit diesen einleitenden Worten wird dem Medienkreis *Kappa di Roma* ein Plan zur »Erziehung und Information der Menschheit« angekündigt.

Einst waren es die Schamanen, die die Fähigkeit und die Aufgabe hatten, sich mit den Geistern der Ahnen in Verbindung zu setzen und in verklärtem Zustand Botschaften zu empfangen, die Ratschläge für das Leben auf der Erde enthielten. Die verschiedensten Kulturen der Vergangenheit erkannten die Existenz »anderer« Dimensionen als einen natürlichen Bestandteil der Welt an, und zweifelten auch nicht daran, dass Personen mit besonderer Begabung dazu Zugang hatten und Botschaften aus anderen Realitäten verkünden konnten. Auch wenn vielen von uns diese Vorstellung in unserer modernen Zeit ferner denn je liegt, entstand mit der Gründung der *Society for Psychical Research* 1882 ein moderner Spiritismus, der die Möglichkeit studiert, sich mit anderen Dimensionen über die Vermittlerfigur des Mediums zu verständigen. Die Qualität der empfangenen Botschaften kann je nach den Beweggründen und der psychischen und moralischen Verfassung des Mediums enorm variieren, doch wenn sich Personen mit ernsthaften Absichten aus Überzeugung zu einem Medienkreis zusammenschließen, um die Botschaften aus dem Jenseits zum Wohle der Menschheit zu verwenden, sind die Resultate fast immer hochinteressant und ähneln einander in gewissen Grundcharakteristika.

Sie mögen zwar oft mehr oder weniger apokalyptische Visionen für die unmittelbare Zukunft enthalten, doch meist konzentrieren sie sich auf eine

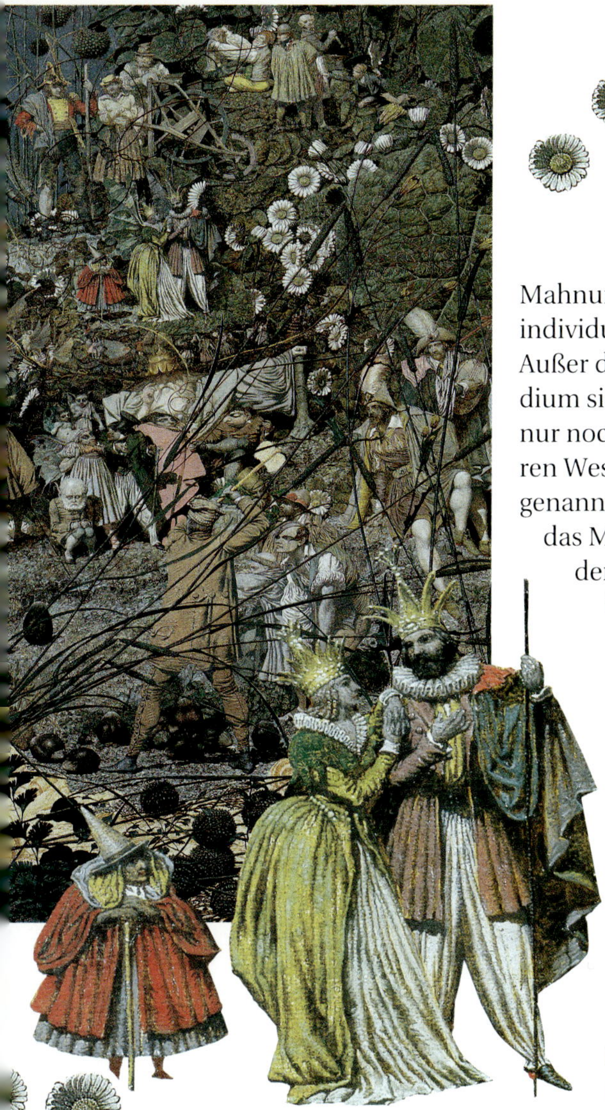

Mahnung zur Besinnung auf die individuelle Verantwortung.
Außer der Trance, in der das Medium sich selbst völlig aufgibt und nur noch Sprachorgan eines anderen Wesens ist, gibt es noch das sogenannte *Channelling.* Hier stellt das Medium einen Kanal zwischen den Dimensionen dar, es bleibt bei vollem Bewusstsein, während es nicht anders kann, als die Worte eines anderen Wesens zu sprechen oder niederzuschreiben.

Vielleicht handelt es sich hier um eine höhere Form der Inspiration, oder aber um eine besondere Sensibilität für Schwingungen anderer Frequenzen, wie etwa bei einem Radio, die dem Medium erlaubt, diese Botschaften zu empfangen. »In den nächsten Jahren werde ich jeden Tag ins Leben jener eintreten, die wahrhaft lieben, und sie mit mir selbst erfüllen, ihre Dinge klären und sie in Instrumente der Heilung und des Segens verwandeln.« Diese Worte hat der amerikanische Schriftsteller Ken Carey 1984 so aufgeschrieben, wie er sie gehört hat.

FUTUROLOGEN HABEN DAS WORT

»Das nächste Mittelalter kommt bestimmt«

Auf einer Titelseite des *Bulletin of atomic scientists* von 1983 war eine Atomkriegsuhr zu sehen, auf der es nur noch drei Minuten bis zum Weltuntergang waren. »Die Welt sitzt auf einem Pulverfass, das sollten alle wissen«, sagte im selben Jahr der Physiker Zichichi, als er die Katastrophenszenarien kommentierte, die seine Kollegen angesichts des Wettrüstens entwarfen.

Medioevo prossimo venturo/Das nächste Mittelalter kommt bestimmt fasst die Erwartungen des Philospophen Roberto Vacca, Autor des gleichnamigen Buches, für einen Planeten zusammen, der vom Atomkrieg und der Bevölkerungsexplosion bedroht und zunehmend Naturkatastrophen, Technokratisierung und Entmenschlichung ausgesetzt ist.

Die gleichen Themen werden in zwei bereits zu Klassikern gewordenen Romanen bearbeitet, die eine Vision der heutigen Zeit vom Standpunkt von vor fünfzig Jahren aus zeigen: *Schöne neue Welt* von Aldous Huxley und *1984* von George Orwell zeigen den Menschen der Zukunft, der in einer unpersönlichen, von Bürokratie und Technologie beherrschten Gesellschaft zu

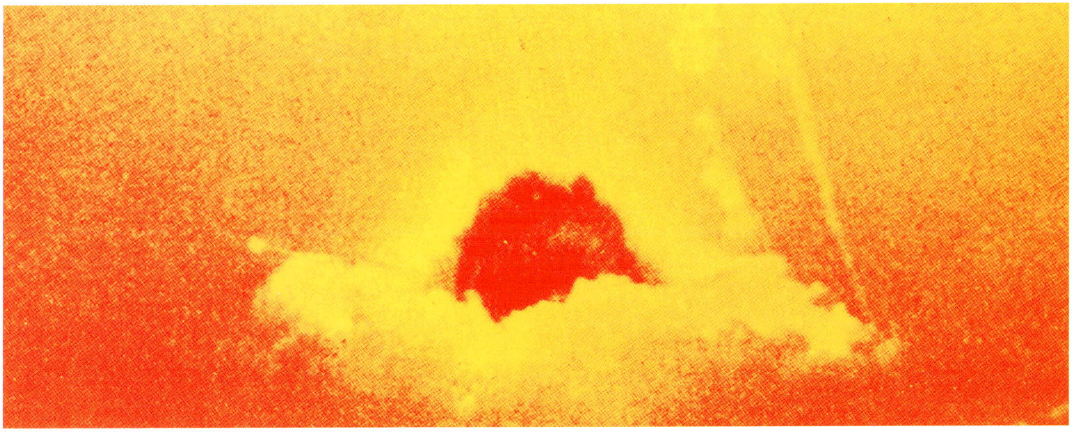

einer Nummer geworden ist. In den letzten dreißig Jahren florierte zwar die Katastrophenliteratur mit Endzeitstimmung, in der es für die Menschheit keine Rettung gibt, weil sie von zahllosen inneren und äußeren Gefahren bedroht wird, doch gleichzeitig erhoben sich auch die Stimmen derjenigen, die sehr wohl einen Ausweg sahen. Der Amerikaner Hermann Kahn zum Beispiel, der oft als der Optimist unter den Futurologen bezeichnet wird, gründete das *Hudson Institute,* um den wissenschaftlichen Grundstein für eine Gesellschaft der Zukunft zu legen, in der Bedürfnisse, Lebensstil, Struktur und vor allem Werte neu definiert werden.
Mit einer ähnlichen Zielsetzung entstand 1968 in Italien der *Club of Rome,* der von Aurelio Peccei, dem Autor von *Cento pagine sull'avvenire/Hundert Seiten über die Zukunft,* gegründet wurde. In seinem Buch untersucht er die Besonderheit des historischen Moments, den wir durchleben, und die möglichen Folgen des moralischen und ökologischen Bankrotts der Menschheit, doch er drückt auch sein tiefes Vertrauen in ihre Qualitäten aus: »Unser persönliches Heil wohnt im Innersten unseres Wesens«, und über einen neuen Humanismus und eine spirituelle Wiedergeburt kann die »wahre menschliche Revolution« stattfinden.
An die Möglichkeit und Notwendigkeit eines solchen Prozesses glaubte auch der Psychotherapeut Erich Fromm, der wünschte, der Mensch möge das Stadium der primitiven Menschenopfer, sei es in ritueller Form wie bei den Azteken oder wie heute in den Kriegen, endlich überwinden, sodass seine Kräfte dem Leben dienen und nicht mehr dem Tod.

DAS ZEITALTER DES WASSERMANNS

Auf der Suche nach einem neuen Bewusstsein

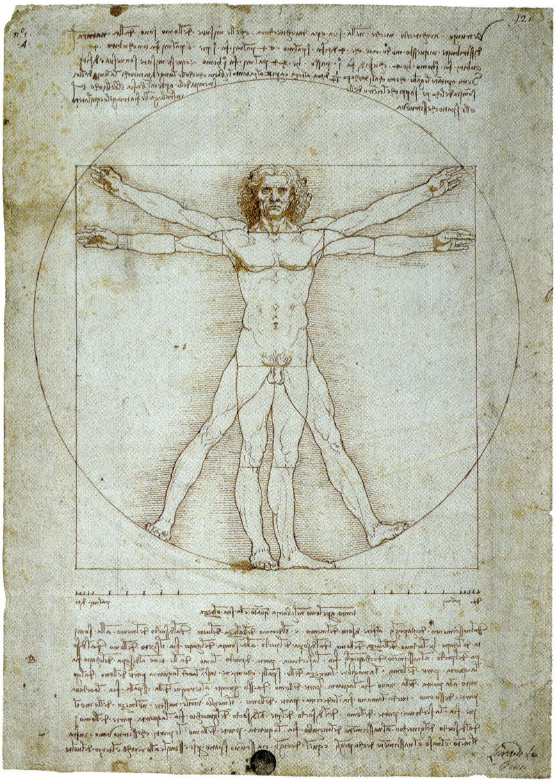

Wenn das Ende des ersten Jahrtausends von apokalyptischen Visionen gekennzeichnet war, so charakterisiert ein weit größerer Optimismus das Ende des zweiten Millenniums. Die meisten Prophezeiungen für dieses schicksalhafte Kalenderdatum konzentrieren sich mehr auf den Aufbruch in eine neue Ära als auf den Untergang des Planeten und das Ende der Menschheit. Der berühmte Song aus dem Musical *Hair, The Age of Aquarius*, drückt dieselbe Hoffnung aus, die in vielen Weissagungen enthalten ist, und weist auf einen aus astrologischer Sicht epochalen Wendepunkt hin, der nur alle 2150 Jahre erreicht wird: Der Übergang vom Zeitalter der Fische in das des Wassermanns wird mit dem Anbruch einer neuen Zeit gleichgesetzt.

Zahlreiche Aussagen spiritueller Würdenträger, Hellseher und auch Botschaften aus dem Jenseits weisen den Jahren zwischen den beiden Jahrtausenden eine entscheidende Bedeutung zu, die Erneuerung der Menschheit durch ethisches und spirituelles Erwachen soll in dieser Zeit beginnen. In den Schriften von Alice Bailey, die sich als Botschafterin eines unter dem Namen der »Tibeter« bekannten Wesens sieht, finden wir detaillierte Instruktionen für die Umformung der Gesellschaft, die Erziehung und das Leben im Zeitalter des Wassermanns, in dem dank der modernen Kommu-

nikationsmittel auch die komplexesten Inhalte mühelos verbreitet werden können.
Philosophen wie Aurobindo, Krishnamurti und Yogananda haben bereits am Beginn dieses Jahrhunderts einen Weg aufgezeigt, der ungeachtet der Konfession des Einzelnen in jedem Individuum die höchsten natürlichen Werte zur Entfaltung bringt und Freiheit, Verantwortung und Würde des Menschen hochhält: den einzigen Weg, der zu einer konkreten positiven Veränderung auf weltweiter Ebene führen kann.
Heute bezeichnet man diese breiten und vielschichtigen Strömungen, die - oft mit unterschiedlichen Ansätzen - alle dasselbe Ziel verfolgen, nämlich einen Qualitätssprung im individuellen Bewusstsein, der automatisch eine Besserung der Welt mit sich bringt, mit dem Sammelbegriff *New Age*. Es handelt sich um eine spontan entstandene Strömung, die den großen Ideologien der Vergangenheit konträr gegenübersteht, insbesondere als dass sie sich durch Optimismus auszeichnet und zur individuellen und kollektiven Arbeit an der Erneuerung auffordert. Dieselbe Geisteshaltung findet sich auch in einigen jüngeren, durch Medien vermittelten Botschaften wieder: »Das Ende für euren Planeten wird kommen, aber ihr werdet es nicht erleben. Ihr werdet stattdessen die Öffnung des menschlichen Geistes zu einem neuen Bewusstsein erfahren. Das wird ein neues Bewusstsein des Menschen für seine Verantwortung gegenüber den anderen, der Natur, den Tieren und der Umwelt sein. Ich muss euch sagen, dass die Erfahrung dieses neuen Bewusstseins nicht frei von Schmerzen sein wird, denn viele Dinge können nicht einfach mit einem Federstrich in Ordnung gebracht werden.«

POLITISCHE UNRUHEN

Als Hauptursachen für den Untergang der Welt oder die Selbstzerstörung der Menschheit werden mehrere bewaffnete Konflikte oder aber auch ein einziger, großer Krieg angeführt. Viele Prophezeiungen, von der *Apokalypse* des hl. Johannes bis heute, beschreiben diese blutigen Auseinandersetzungen mehr oder weniger genau und lassen auch den Einsatz der Atomwaffe erahnen. »Die Welt wird von einem schrecklichen Krieg erschüttert! Die schrecklichste aller Waffen vernichtet Völker und Nationen«, sagte Elena Aiello 1955 voraus. »Der Orientale wird seinen Wohnsitz verlassen. Er wird die Apenninen überschreiten, um Frankreich zu sehen: Durchbohren wird er vom Himmel Gewässer und Schnee, und ein jeder wird mit seiner Knute schlagen«, schreibt Nostradamus in den detaillierten Beschreibungen jenes Krieges, der seinen Visionen zufolge den Planeten in den kommenden Jahren mit Blut überziehen wird. »Ein großer Krieg wird in der zweiten Hälfte des 20. Jahrhunderts toben, Feuer wird vom Himmel fallen, die Wasser der Ozeane werden sich zu Dampf und Schaum verwandeln, und alles, was da steht, wird fallen«, sagt das *Geheimnis von Fatima*, das 1917 formuliert wurde. Auch Edgar Cayce, ein amerikanischer Telepath und Hellseher, der zwischen 1887 und 1945 lebte, sieht für die Zukunft blutige Kriege voraus, die in seinen Visionen jedoch das Vorspiel zu einer schicksalhaften Wende in der Geschichte der Menschheit darstellen, nach der es keine Kriege mehr geben wird.

DIE PROPHEZEIUNGEN DES NOSTRADAMUS

Siebenundzwanzig Jahre Krieg

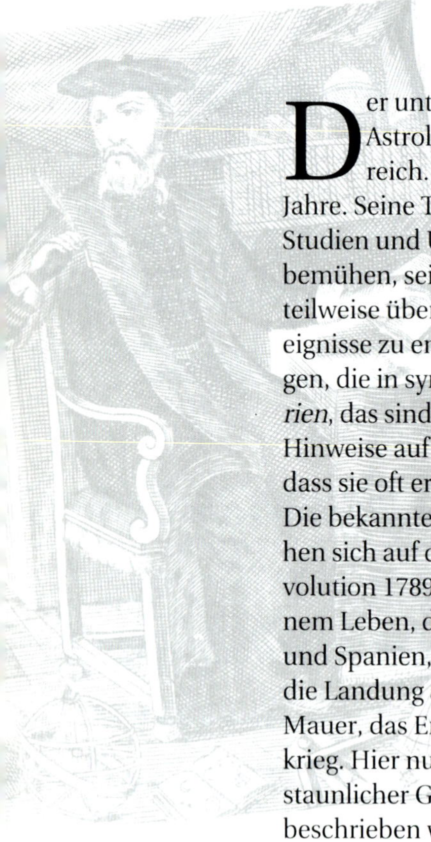

Der unter dem Pseudonym Nostradamus besser bekannte Arzt und Astrologe Michel de Notre Dame lebte von 1503 bis 1566 in Frankreich. Er ist sicherlich der interessanteste Prophet der letzten 2000 Jahre. Seine Texte bilden auch heute noch die Grundlage für zahlreiche Studien und Untersuchungen von Experten aus der ganzen Welt, die sich bemühen, seine kryptische, sibyllinische Sprache zu entschlüsseln und ihr teilweise überraschend präzise Voraussagen tatsächlich eingetroffener Ereignisse zu entlocken. Im Unterschied zu den meisten anderen Voraussagen, die in symbolischer Form erfolgen, enthalten seine berühmten *Centurien*, das sind Hundertschaften von Vierzeilern, manchmal ganz genaue Hinweise auf konkrete Orte und Personen. Das einzige Problem dabei ist, dass sie oft erst im Nachhinein gedeutet werden können.

Die bekanntesten eingetroffenen Weissagungen des Nostradamus beziehen sich auf den Brand und die Pest in London 1666, die Französische Revolution 1789, die Person Napoleons und die wichtigsten Ereignisse in seinem Leben, die beiden Weltkriege, den Faschismus in Italien, Deutschland und Spanien, die Bombe von Hiroshima, die Ermordung J. F. Kennedys, die Landung auf dem Mond, den Fall der Berliner Mauer, das Ende der Sowjetunion und den Golfkrieg. Hier nur ein Beispiel dafür, mit welch erstaunlicher Genauigkeit das Schicksal Mussolinis beschrieben wird: »Ich sehe einen Mann, am Arm aufgehängt, am Fuß gefesselt, sein Antlitz ist bleich, ein Dolch im Busen verborgen. Drei sind es, die sich zu einem Kampf verschworen haben. Auf den Großen von Genua ist das Schwert gerichtet.«

Zahlreich sind die rätselhaften Anspielungen in

Bezug auf die kommenden Jahre, die noch zu deuten sind, und ebenso zahlreich die Interpretationen dieser Weissagungen. Die grundlegenden Elemente, die es zu kombinieren gilt, sind die folgenden: eine Invasion in Italien und Europa durch russische, deutsche, arabische und türkische Soldaten, Großbrand in Paris und Rom, der Tod des Papstes und zahlreicher kirchlicher Würdenträger, der Aufstieg zur Macht eines großen Monarchen, die Ankunft des Antichrist.

Eine der wörtlichsten Interpretationen der komplexen Beschreibungen in den *Centurien* spricht von einem schrecklichen Krieg, der sich von Norden und Osten aus ausbreitet, während dessen »ein Strahl vom Himmel« die großen Städte der westlichen Welt verwüsten wird. »Das Blut der Großen wird vergossen, die Völker fallen der Misere anheim, die, die einst Almosen gaben, werden sie empfangen.« Ein deutscher Kaiser wird an die Macht kommen, die zwei Heere vereinen und einen deutschen Gegenpapst ernennen, doch seine Herrschaft wird nur sieben Monate dauern. Nach sieben Jahren wird ein großer Anführer und ein Monarch kommen, der aus dem Gefängnis befreit wird und der Welt den wahren Frieden bringen sowie den wahren Papst wieder auf dem Petersthron einsetzen wird.
Doch diese Serie von schicksalhaften Ereignissen steht erst an ihrem Anfang. »Im Jahre 1999, im siebenten Monat, wird am Himmel ein großer Schreckenskönig erscheinen: Er wird auferstehen lassen den großen König von Angoulême. Vor und nach einem Weltkrieg (Mars) wird er aufgrund seines guten Horoskops regieren.« Der Antichrist, im Glauben, die Macht nun erobert zu haben, wird frohlocken, doch genau dann, wenn »die Sonne den 20. Grad des Stiers erreicht (11. Mai), wird die Erde erzittern, sodass das große Theater zusammenbricht und alles unter sich begräbt. Luft, Himmel und Erde verdunkeln sich. Dann wird Gott mit den Seinen den Untreuen entthronen«. Nach siebenundzwanzig Jahren dramatischer Ereignisse ist die Prophezeiung erfüllt, und auf der Erde beginnt ein Zeitalter des Friedens.

DIE PROPHETIN VON WASHINGTON

Russland und die USA als Verbündete gegen China

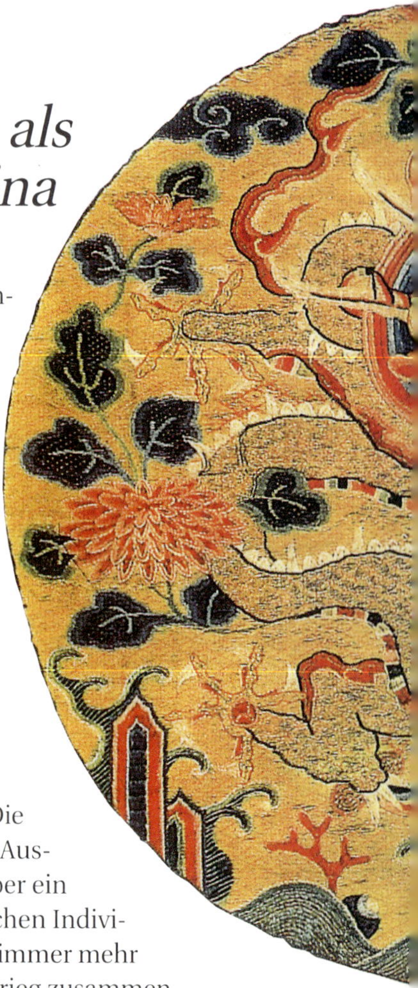

In ihren Visionen, die sie in den Fünfzigerjahren niederschrieb, beschreibt die amerikanische Hellseherin und »Prophetin von Washington«, Jeane Dixon, die dafür bekannt ist, den Tod Martin Luther Kings und Robert Kennedys vorausgesehen zu haben, zahlreiche Szenen aus blutigen Kriegen, die am Ende des zweiten Jahrtausends stattfinden sollen. Dabei sollen bakteriologische Waffen und in den Karpaten stationierte, auf Europa zielende Raketen eingesetzt werden. Die größte Bedrohung geht von China aus, das nach Jahrhunderten der politischen Isolation in den kommenden Jahren genügend Stabilität und Macht erreichen soll, um expansionistische Ziele zu verfolgen. Die Dixon sieht einen Weltkrieg voraus, der seinen Ausgang von lokalen Konflikten nimmt, die sich über ein Jahrzehnt hinziehen, sowie von Kämpfen zwischen Individuen, Klassen, Völkern und Nationen, die sich immer mehr ausdehnen, bis sie zu einem einzigen großen Krieg zusammenfließen.

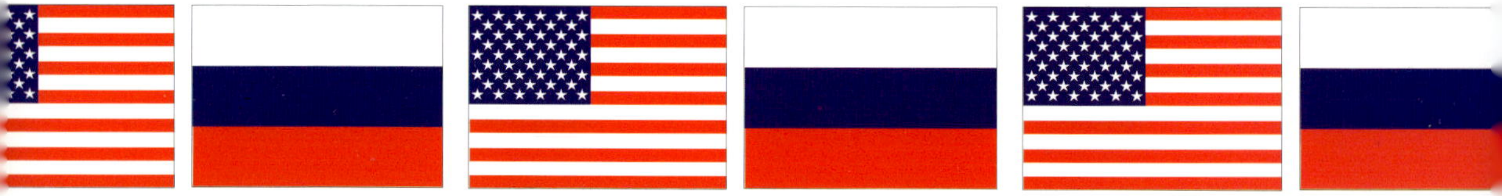

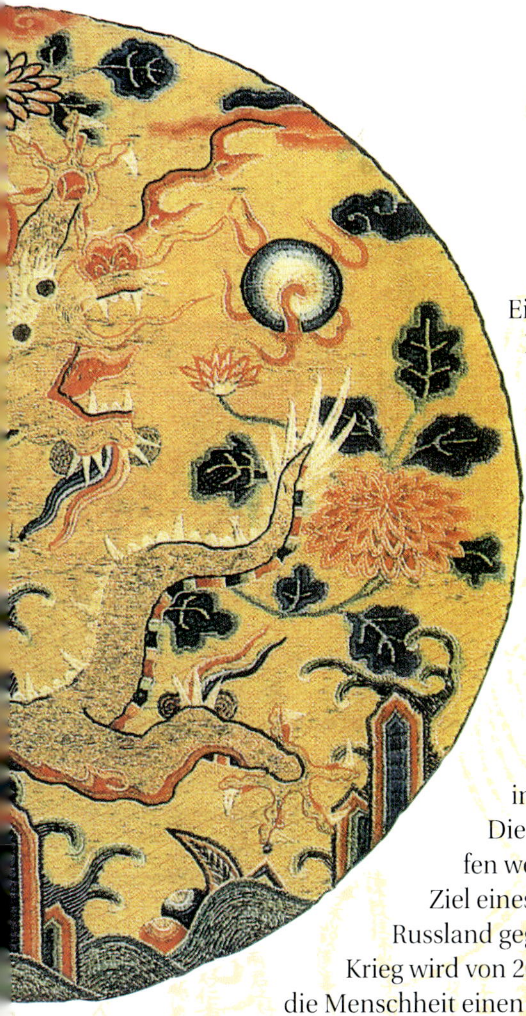

Eine besonders wichtige Rolle spielen Revolutionsherde in Asien und Afrika, die direkt oder indirekt immer von China aus genährt werden. »China wird in Russland einfallen, den Norden erobern, nicht mehr einhalten, bevor Finnland, Norwegen, Schweden und Dänemark erobert sind, und erst an der Grenze zu Deutschland zum Stillstand kommen. Westeuropa wird zu diesem Zeitpunkt noch nicht angegriffen. Doch auch Russland dehnt seinen Einfluss nach Libyen, Äthiopien, in den Iran und weite Teile Afrikas aus.« Die Verträge zum Einsatz nuklearer Waffen werden gebrochen, und die USA werden Ziel eines Atomangriffs, als sie zeitweilig mit Russland gegen China verbündet sind. Dieser Krieg wird von 2025 bis 2037 dauern, doch nachdem die Menschheit einen hohen Blutzoll entrichtet hat, wird auf der Erde eine Ära der spirituellen Erneuerung anbrechen.

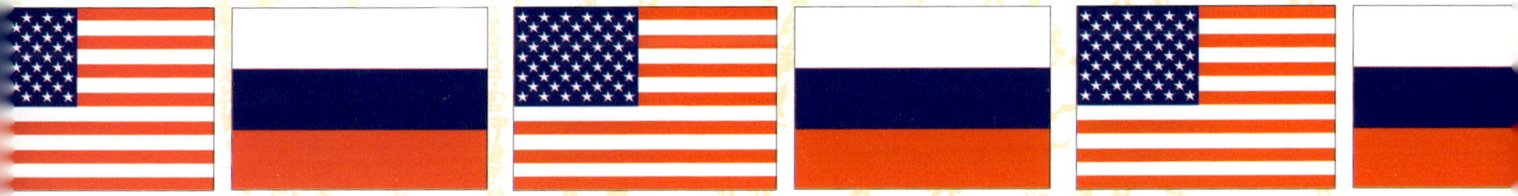

GEFAHR IM MITTLEREN OSTEN

»Jerusalem, Jerusalem! Entfliehe den Flammen von Sodom und Gomorrha!«

Eine Prophezeiung aus der zweiten Hälfte des 18. Jahrhunderts wurde unter den Dokumenten im Nachlass eines Notars gefunden, der mit dem Kloster Premol in der Diözese Grenoble im Süden Frankreichs in Kontakt stand. Sie legt mit großer Klarheit einige Ereignisse dar, die Frankreich, die Kirche und die moderne Zeit betreffen. Vor der Vereinigung der Menschheit in einem einzigen Glauben - die neue Ära, die fast alle Seher nach dem Ende der Zeiten beschwören - haben wir Folgendes zu erwarten: »Kriege, Kriege! Kriege gegen Brüder, gegen Fremde.« Zahlreiche Anspielungen auf Israel sind enthalten, die teilweise bereits eingetroffene Ereignisse wie Pogrome und den Holocaust betreffen könnten. »Was für ein Massensterben, o Herr! Das Blut fließt in Strömen in den Jordan ... Hunderte Leichen liegen da mit zerschmetterten Schädeln und abgetrennten Gliedern.« Zum Teil weisen sie auch direkt auf einen bewaffneten Konflikt hin, in dessen Mittelpunkt Jerusalem steht.: »Genügt dieses Massenopfer nicht, o Herr, deinen Zorn zu besänftigen? O nein! Was bedeutet dieser Waffenlärm, dieses Kriegsgeschrei und die Schreckensschreie, die in die vier Himmelsrichtungen widerhallen?« Und weiter heißt es: »Jerusalem, Jerusalem! Entfliehe dem Feuer von Sodom und Gomorrha und der

Plünderung Babylons!« Jeane Dixon sieht für 2000 eine Invasion chinesischer und mongolischer Truppen im Mittleren Osten voraus, sowie mehrere Schlachten am Jordan. Diese Region soll eines der großen Schlachtfelder des Ost-West-Konflikts sein, in dem Israel sich zahlreichen und starken Feinden stellen muss, jedoch nicht unterliegen, sondern aus diesem Krieg stolz und gestärkt hervorgehen wird. Doch: »Der wahre Friede ist noch weit entfernt, und die Zwietracht wird erst enden, wenn Jerusalem von einem Erdbeben erschüttert wird.«

1980, DER KATASTROPHE ENTRONNEN?

»Der schwarze Engel schlägt sein Lager am linken Ufer des Flusses auf«

Es gibt ein ganz bestimmtes Datum, das in zahlreichen Prophezeiungen für das Ende eines Zyklus steht, den Höhepunkt der Ereignisse, die die Welt verändern, oder für eine schwere Probe, die die Menschheit zu bestehen hat. Daher wurde es mit Spannung erwartet, und jetzt, da es vorübergegangen ist, lassen sich einige Schlüsse ziehen. Es handelt sich um das Jahr 1980. In den symbolischen Schriften der Hauptgalerie der Cheopspyramide wird als letztes Ereignis dieses Abschnitts der Geschichte der Menschheit ein möglicher Weltkrieg für 1980 prognostiziert. Die hl. Brigida schrieb 1360 im Zusammenhang mit diesem Datum: »Die Ruchlosen werden überwiegen.« In den Voraussagen der sogenannten »Schwarzen Spinne«, eines bayerischen Mönches des 16. Jahrhunderts, dessen Prophezeiungen lange als verloren galten und erst am Beginn des 19. Jahrhunderts gedeutet und studiert wurden, finden sich die folgenden Zeilen als Hinweis auf die Ereignisse des Jahres 1980: »Sodom, deine Stunde ist gekommen! Der schwarze Engel schlägt sein Lager auf der linken Seite des Flusses auf. Der Turm wird fallen und mit ihm der Goldene Greif.« Bei Nostradamus ist dasselbe Jahr der Beginn der Umtriebe des Antichrist, der erst im Jahr 2000 vollends in Erscheinung treten soll. Edgar Cayce, der im Schlaf offenbar eine umfangreiche Informationsquelle anzapfen konnte, ohne dass es der Wissen-

schaft je gelungen ist, dieses Phänomen zu erklären, und der das Ende des Kommunismus in Russland, die Erdbeben in Chile und Peru und den Vietnamkrieg vorausgesagt hatte, sah für 1980 ein großes Erdbeben an der Westküste der Vereinigten Staaten voraus. Jeane Dixon erwartete den Einschlag eines Kometen.

Rückblickend könnten wir nun einen Seufzer der Erleichterung ausstoßen und sagen, sie haben sich alle geirrt, oder aber davon ausgehen, dass viele dieser Ereignisse tatsächlich stattgefunden haben, wenn auch in geringerem Ausmaß und mit lokalen Abweichungen. Ein großes Erdbeben hat Mexico City beinahe zur Gänze zerstört, der Halleysche Komet zog nahe an der Erde vorbei, und wenn wir uns auch nicht in einem Weltkrieg befanden, so konnte man das politische Klima kaum als friedlich bezeichnen: mehr als fünfzig Kriegsherde, jeden Tag tausende Tote bei Terroranschlägen, Kriegen, Bürgerkriegen oder durch Repressalien und Folter. Vielleicht befinden wir uns immer noch in diesem prognostizierten Kriegszustand, und wenn der Konflikt noch keine weltumspannenden Ausmaße angenommen hat, so vielleicht deshalb, weil der Mensch immer die Möglichkeit hat, aktiv in das Geschehen einzugreifen und sein Schicksal mitzubestimmen, und weil er durch große und kleine diplomatische Bemühungen doch einige Erfolge erzielen konnte.

DER PLANET VERÄNDERT SICH

Wenn wir heute die Landschaft betrachten, die uns vertraut ist, die Berge, Ozeane, Flüsse und Seen, so ist es ein merkwürdiger Gedanke, dass die Welt, in der wir leben, nur eine Momentaufnahme in einem langen, bewegten Evolutionsprozess sein soll. Noch vor wenigen zehntausend Jahren waren weite Teile der Erdoberfläche und des Festlandes, auf dem wir uns jetzt frei und ungehindert bewegen, von einer dicken Eisschicht bedeckt oder unter tiefen Wassern verborgen. Ganze Kontinente haben ihre Form und ihre Position aufgrund der großen tektonischen Bewegungen der Erdkruste gänzlich verändert. Es ist daher nicht verwunderlich, dass zahlreiche apokalyptische Visionen und Prophezeiungen von großen geografischen und geologischen Veränderungen sprechen. Für manche dieser Ereignisse ist der auslösende Faktor externer Natur und kommt in Form von Kometen oder Asteroiden vom Himmel und aus dem All, in anderen Fällen ist der allzu sorglose Umgang der Menschen mit der Natur, der unkontrollierbare Reaktionen hervorruft, dafür verantwortlich.

Die Nonne von Dresden, ein Medium des 17. Jahrhunderts, lieh ihre Stimme einem Geist, der eine genaue Beschreibung der Ereignisse der Zukunft abgab. Das Jahr 2413 wird in diesen Prophezeiungen als Höhepunkt der großen Naturkatastrophen angegeben, die die Menschen durch die gewaltsame Zerstörung der Natur selbst verschulden. Zahlreich sind die Stimmen, die seit Jahrhunderten die Menschheit vor dem Raubbau an den Reichtümern der Natur und der rücksichtslosen Ausbeutung der Energiequellen warnen. Auch in Italien, der Heimat zahlreicher Seher und Propheten der letzten Jahrhunderte, geht die größte Gefahr neben politischen Ereignissen von den Gewalten der Natur aus.

KOMETEN UND ASTEROIDEN

»Wenn ihr ein großes Zeichen am Himmel seht ...«

Ich sage euch, wenn das Ende nahe ist, wird der Mensch in den Kosmos reisen, und vom Kosmos wird er den Tag des nahen Endes erfahren.« Das sind die Worte von Giordano Bruno, die im 15. Jahrhundet wohl noch fantastischer geklungen haben mögen als heute. Nicht nur in den alten Prophezeiungen, vom Orakel der Sybillen bis zum *Weda*, sondern auch in den Berichten der Astronomen, die täglich die Möglichkeit eines Einschlags eines Himmelskörpers auf der Erde prüfen, wird häufig von einem Zeichen am Himmel gesprochen, das das nahende Ende ankündigt. In den Traditionen aller Zeiten und Kulturen wurden die Kometen immer als Warnzeichen für große Veränderungen angesehen, vom berühmten Stern, dem die Drei Könige aus dem Morgenland folgten, bis zu dem Kometen am Himmel über dem Reich des Montezuma, der nach einer alten Weissagung dessen Untergang ankündigte. Wenig später wurden die Spanier zum erfüllenden Werkzeug dieser Prophezeiung.

Eine Legende aus dem fernen Birma erzählt, dass am Ende der Welt Mond und Sterne untergehen und zwei Sonnen am Himmel leuchten werden, die alles Leben auf der Erde verbrennen. In den in Sanskrit verfassten Schriften des *Weda* steht geschreiben: »Am Ende des vierten Zeitalters wird Ruddra mit den zehn Geistern der Auflösung einen Kometen hinter den Mond lenken, der die Welt entflammen und in Asche verwandeln wird.« Auch in jüngeren Prophezeiungen finden wir ähnliche Voraussagen: »Wenn ihr ein großes Zeichen am Himmel seht, ist der schreckliche Augen-

blick voller Wehklagen und Schrecken gekommen: Ein Stern wird am Himmel erscheinen, und ich werde mit diesem Stern auf euch herabkommen«, kündigt die Madonna von San Damiano durch die Worte von Mamma Rosa an, einer alten Dame, die von 1967 bis 1981 jeden Freitag diese Nachrichten empfing und an Pilger aus ganz Italien und der Welt weitergab. In der tibetanischen Überlieferung gibt es ebenfalls einen Hinweis auf ein Zeichen am Himmel: Ein smaragdgrüner Stern wird im Laufe einer der schrecklichen Katastrophen, die durch die Entartung der Gesellschaft ausbrechen, am Himmel erstrahlen und Zeichen einer Erneuerung und einer anbrechenden Ära des Friedens und der Gerechtigkeit sein. Nach einer alten persischen Legende, die von Plutarch überliefert wurde, sollen, wenn »der Komet Garzcar vom Himmel auf die Erde fällt und sie wie trockenes Laub brennt, die Überlebenden vom Feuer gereinigt werden. Die Toten werden auferstehen, Sosiosc wird vom Himmel herabsteigen und unter der Leitung von Ormuzd den Menschen sagen, welches Urteil sie verdienen. Und die Erde wird zu einem neuen, ewigen und glücklichen Leben erweckt.«
Zuletzt war es der Asteroid 1997 XF11, der Anfang 1998 die Welt in Atem hielt. Durch einen Berechnungsfehler dachte man anfangs, er würde in einer Entfernung von lediglich 48.000 Kilometer an unserem Planeten vorbeiziehen, wobei ein Einschlag durchaus möglich gewesen wäre. Erst etwas später wurde der Fehler entdeckt, die Bahn neu berechnet und festgestellt, dass die Distanz doch mehr als eine Million Kilometer betragen würde, was schließlich jede Bersorgnis zerstreute.

ROTE WOLKEN BEDECKEN DIE ERDE

»Unendliche Nacht wird über die Erde kommen«

Unendliche Nacht wird über die Erde kommen und drei Tage und drei Nächte andauern. Nichts wird zu sehen sein, und die Luft übelriechend und vergiftet.« Mit diesen Worten, die auf das Jahr 1837 zurückgehen, drückt die selig gesprochene Anna Maria Taigi ein wiederkehrendes Motiv in den Voraussagen von Sehern und Propheten aller Zeiten aus. Marie Julie de la Faudais sah in einer Vision die folgenden Szenen: »Es kommen drei Tage anhaltender Dunkelheit. In dieser bedrückenden Nacht werden nur geweihte Kerzen Licht spenden ... eine Wolke rot wie Blut wird den Himmel überziehen, unter dem Donnergrollen wird die Erde erzittern. Meeresgischt wird die Länder überziehen, und die Erde wird zu einem riesigen Friedhof. Die Leichen der Gerechten wie der Ruchlosen werden den Boden bedecken.« Auch der Gründer des Ordens vom Kostbaren Blut, der hl. Gaspare del Bufalo, hatte 1837 vorausgesagt: »Jener, der die drei Tage Dunkelheit überlebt, wird glauben, der einzige Überlebende auf Erden zu sein, denn der Erdboden ist mit Leichen bedeckt.« Die Folgen einer Atomexplosion? Jener von Hiroshima oder einer noch schrecklicheren, die erst kommen wird? »Dunkelheit für drei Tage und drei Nächte« kündigt auch der Seher von Vorarlberg an, ein Bauer, dessen prophetische Visionen vom Benediktinerpater Ellerhorst niedergeschrieben wurden: »Es beginnt mit einem schrecklichen Donner oder Erdbeben. Kein Feuer wird mehr brennen. Man kann nicht mehr essen, nicht mehr schlafen, nur noch beten.« Pater Pius warnte in den Fünfzigerjahren: »Aus den Wolken fahren Feuerstürme auf die Erde herab ... der Wind wird Gift mit sich tragen und Gas, das sich über die gesamte Erde ausbreitet ... Die Nacht wird sehr kalt, der Wind wird pfeifen, und nach einer Weile beginnt es zu donnern. Schließt alle Türen und Fenster und sprecht mit niemandem außerhalb des Hauses.«

Auch in den alten Prophezeiungen der *Apokalypse* spielt die Dunkelheit immer wieder eine Rolle: »Alle Bewohner des Landes sollen zittern, denn es kommt der Tag des Herrn. Ja, er ist nahe, der Tag des Dunkels und der Finsternis, der Tag der Wolken und Wetter. Wie das Morgenrot, das sich über die Berge hinbreitet, kommt ein Volk, groß und gewaltig, wie es vor ihm noch nie eines gab, und nach ihm keines mehr geben wird bis zu den fernsten Geschlechtern« (*Joël* 2, 1-4). Und es geht weiter: »Die Sonne wird sich in Finsternis verwandeln, und der Mond in Blut« (*Joël* 2, 4). Eine solche Weissagung finden wir auch im Neuen Testament: »Sofort nach den Tagen der großen Not wird sich die Sonne verfinstern und der Mond wird nicht mehr scheinen, die Sterne werden vom Himmel fallen und die Kräfte des Himmels werden erschüttert werden« (*Matthäus* 24, 29).

DAS NEUE ATLANTIS

»Die Meere schleichen sich wie Diebe in die Stadt«

Das Jahr der großen geologischen Ereignisse war in diversen Prophezeiungen 1998. Man erwartete unter anderem das Folgende: »Zahlreiche Vulkane werden aktiv und verursachen riesige Katastrophen. Der Norden Europas wird sich in einem einzigen Augenblick vollkommen verändern. Die Küste des Staates New York und die Stadt New York werden verschwinden, doch zuvor noch verschwindet der Süden von Karolina bis Georgia.« So beschrieb Edgar Cayce 1934 die Ereignisse, die da kommen und das Antlitz der Erde verändern sollten. Und er fügte hinzu: »Der Großteil der japanischen Inseln wird im Meer versinken, Südamerika wird von oben und unten zusammenfahren«, und weiter: »Ein neues Land erscheint entlang der Ostküste Amerikas, in der Karibik erscheint trockenes Land.«

Auch ein anderer Seher, Karmohaksis, sieht die Entstehung neuen Landes voraus: »Ein Kontinent riesigen Ausmaßes, etwa dreimal so groß wie Australien, taucht zwischen Australien und Neuseeland auf, und im Atlantik wird ein Teil von Atlantis wiedererscheinen.« Dort werden, nach derselben Prophezeiung, »unermessliche

Reichtümer und die Reste eines antiken Poseidontempels gefunden sowie eine beinahe intakte Kuppel aus transparentem Material, das uns gänzlich unbekannt ist, als Zeugen einer ehemaligen blühenden Gesellschaft, die zuvor versunken war.«

Leonard Orr, der exzentrische Amerikaner, der nach einer alten indianischen Atemtechnik das sogenannte *Rebirthing* erfunden und populär gemacht hat, wartete in seinem Haus in Kalifornien auf die große Katastrophe, die das Angesicht der Erde verändern und nach seinen Berechnungen im März 1998 eintreffen sollte. Es gibt einige Landkarten, die man gemeinhin als *Orr's Maps* bezeichnet, auf denen die neue Geografie, die sich dramatisch von der aktuellen unterscheidet, zu sehen ist. »Die Meere schleichen sich wie Diebe in die Stadt und die Häuser, und die Erde wird salzig«, prophezeite der Mönch Rasputin, der einst als Heiler und Seher am Hof des Zaren Nikolaus I. lebte, und viele glaubten ihm.

EINE VERSCHIEBUNG DER ERDACHSE

»Wer in den Bergen lebt, wird sich an der Küste wiederfinden«

Wie ein Betrunkener taumelt die Erde«, sagt Jesaja in seiner *Apokalypse*, in der Ankündigung des Weltgerichts, das die Erde und den Himmel ins Wanken versetzen und die Erdenbewohner drastisch reduzieren wird. Die Völker auf der Erde werden fallen, »wie wenn man Oliven abschlägt, wie bei der Nachlese, wenn die Ernte vorbei ist« (*Jesaja* 24, 13). Dazu werden einige Hinweise gegeben, die auf eine Verschiebung der Erdachse hindeuten könnten. Karmohaksis meint: »Die Erdkruste wird sich zur Rotationsachse verschieben, sodass sich der Nordpol dann im Nordosten von Großbritannien befindet, entlang eines Längengrades, der derzeit Skandinavien durchzieht.« Nach Edgar Cayce hat die Erdachse bereits seit 1936 begonnen, sich stufenweise zu verschieben, und das Phänomen wird sich durch das Auftauchen neuer und das Untergehen alter Kontinente intensivieren, wodurch eine drastische Klimaveränderung eintritt. Mit dem Abschmelzen der Eisdecke verändert sich die Geografie der Küstenlinien völlig: »Wer am Berg lebt, wird sich plötzlich an der Küste wie-

derfinden und umgekehrt.« Das Gleichgewicht des Planeten wird auf den Kopf gestellt.
Diese Botschaft finden wir in den Visionen einiger anderer Medien wieder. Die Engländerin Ruth White empfing jahrelang Nachrichten von einem Wesen namens Gildas. Die folgenden Worte beschäftigen sich ebenfalls mit diesem Thema: »Ein Teil der physischen Veränderungen, die der neuen Ära den Weg bereiten, besteht darin, dass die Erde sich in eine neue Position neigt ... Dadurch wird der Mensch gezwungen, die vierte Dimension wahrzunehmen, die im Wesentlichen ein Bewusstseinszustand ist.« Ein anderes englisches Medium, Julie Soskin, berichtet: »Euer Globus wird sich zusammenziehen und auf der eigenen Achse schwanken. Dadurch entstehen Rückwirkungen, die die Bahn der Erde verändern. Am Ende werden die Pole an ganz anderen Stellen stehen.«

DAS ÖKOLOGISCHE ULTIMATUM

»Am Ende des zweiten Jahrtausends werden zahlreiche Tierarten aussterben«

Wenn die Menschen dieser Epoche eine sintflutartige Überschwemmung des Planeten herbeiführen wollen, brauchen sie nur fleißig weiter die Berge abzutragen und Löcher zu graben, denn so öffnen sie den unterirdischen Wassern Tür und Tor. Wenn sie dagegen die Erde in Flammen sehen wollen, brauchen sie nur eifrig die Wälder zu zerstören!« Diese Warnung von einer Stimme, die sich ohne Vorwarnung Jakob Lörber offenbart hat, hat wohl nicht viel gefruchtet. Nicht ohne Ironie scheint sie genau auf die Umweltprobleme der heutigen Zeit anzuspielen. Jakob Lörber war ein österreichischer Musiklehrer, der 1840 auf Verlangen einer inneren Stimme begann, deren Botschaften aufzuschreiben, was ihm den Spitznamen »der Schreiber Gottes« eintrug. Auch die Nonne von Dresden nimmt in einigen ihrer Prophezeiungen auf die Umweltproblematik Bezug: »Der Mensch wird dreihundertdreiunddreißig Jahre lang den Bauch und die Hände und alles, was Leben ist, vergiften. Und es wird sechshundertsechsundsechzig Jahre dauern, bis all dieses Gift verbrannt ist.«

Der berühmte amerikanische Seher Edgar Cayce ging noch genauer ins Detail. Er warnte vor einer Gefahr, die uns droht, wenn wir weiter Gas und Erdöl »aus den Adern der Erde« saugen, sowie vor unterirdischen Atomexplosionen als auslösende Faktoren für große Erdbeben, nicht zuletzt für jenes entlang des San-Andreas-Grabens in Kalifornien, das schon seit langer Zeit befürchtet wird.

Was ist der folgenden Prophezeiung eines Mönchs des Ordens der Olivetaner aus dem Jahre 1600 noch hinzuzufügen? »Am Ende des Jahrtausends werden zahlreiche Tierarten aussterben, vom Menschen zum Tode verurteilt. Doch am Ende wird der Mensch selbst dem Tode geweiht sein, denn alles, was auf der Erde wächst, wird den Keim des Todes in sich tragen ...«

Diese Vision finden wir auch in einer der Weissagungen wieder, die uns die einzigartige, widersprüchliche Figur des Mönchs Gregori Rasputin hinterlassen hat: »Auf der ganzen Welt werden Türme gebaut. Sie werden sagen, dort wohne das Leben, doch es sind die Burgen des Todes. Manche dieser Türme werden brechen, und aus ihren Ritzen und Spalten wird vergiftetes Blut strömen, das die Erde infiziert und den Himmel. Klumpen des vergifteten Blutes werden wie Raubvögel auf unsere Köpfe herabstoßen. Mehr als ein Raubvogel wird auf die Erde herabfallen, und wo er fällt, wird die Erde für sieben Generationen verwüstet sein.«

ERDBEBEN UND REVOLUTIONEN

Italien wird vom Feuer verschont bleiben, nicht jedoch vom Wasser

Don Bosco beschrieb in seinen *Traumvisionen*, die im Jahre 1870 Papst Pius XI. übergeben wurden: »Du Italien, gesegnetes Land, wer hat dich in die Versenkung gestürzt? Sag nicht, es seien deine Feinde gewesen, es waren deine Freunde.« Italien steht in vielen Prophezeiungen für das Ende dieses Jahrtausends im Mittelpunkt. Da ist einerseits von Naturkatastrophen und Erdbeben die Rede, andererseits von inneren Konflikten und Invasionen, eine Konstante in vielen dieser Botschaften. »Von Ragusa, der Stadt der Zitronen und des alten Greises, wird neues Leben kommen dank ärztlicher Hilfe«, schreibt Nostradamus und meint damit vielleicht einen schweren Notfall in Syrakus, wobei von

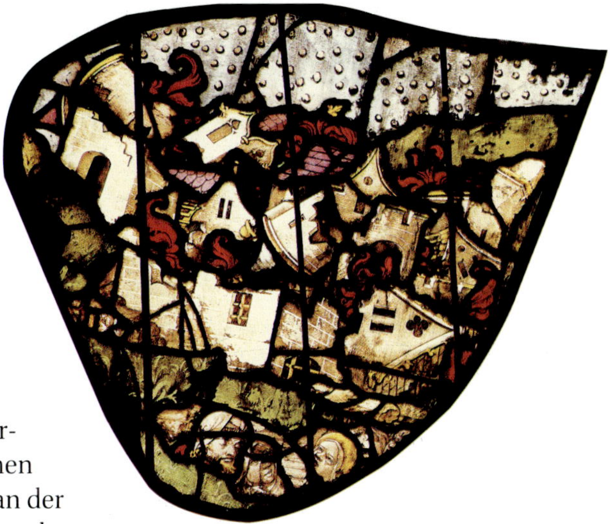

der Nachbarstadt Hilfe eintrifft, während er mit: »Die Tyrannin Siena besetzt Savona: Der Stärkere wird die Flotte gewinnen« auf einen möglichen Zerfall Italiens mit einem Konflikt zwischen zwei Republiken, einer in Mittelitalien und einer im Norden, anspielt. »Ich beklage Nizza, Monaco, Pisa, Genua, Savona, Siena, Capua, Modena, Malta: Ihnen geben Blut und Schwert, Brände, Erdbeben und Wasser verdrehten Willen!« Dies bezieht sich zusammen mit anderen Hinweisen auf Katastrophen an der Küste und am Meer, die nicht nur Italien, sondern ein weiteres Gebiet betreffen. In den apokalyptischen Visionen von Schwester Elena Aiello, die dafür bekannt ist, Mussolini vor den Folgen seines Bündnisses mit Deutschland gewarnt zu haben, kommt die Vorahnung einer schrecklichen Geißel für die Menschheit vor. Doch die Prophezeiung enthält auch die folgende Aussage: »Ich zeige meine Liebe zu Italien, das vom Feuer verschont bleiben wird. Doch der Himmel wird sich mit Dunkelheit überziehen, und die Erde wird von schrecklichen Beben erschüttert, die tiefe Gräben öffnen und Städte und Ländereien zerstören.« In der letzten Botschaft der Seherin, die auf den August 1960 zurückgeht, wird ein Krieg beschrieben, der ganz Europa erschüttert: »Auch Italien wird Schauplatz einer großen Revolution, und großes Leid wird über den Papst kommen. Der Feind stürmt wie ein brüllender Löwe auf Rom los, und sein Zorn wird Völker und Nationen vergiften.«

Die Voraussagen eines zeitgenössischen Sehers namens Mario De Sabato, die vor über dreißig Jahren formuliert wurden, scheinen mehr das politischen Panorama der letzten Jahrzehnte zu beschreiben: politische und wirtschaftliche Krisen, lange Perioden ohne Regierung, Streiks, Linksregierungen ohne Kommunisten, wichtige Reformen. Italien wird ein Land mit hohem Lebensstandard, doch die Bedrohung kommt von Erdbeben und Überschwemmungen. Interessant ist auch die Prophezeiung, dass italienische Ärzte eine wichtige Entdeckung im Zusammenhang mit der Krebstherapie machen werden.

DAS JÜNGSTE GERICHT

Sämtliche von den Sehern und Propheten aller Zeiten und Kulturen beschriebenen Visionen vom Ende der Welt sind im Kern bereits in den beunruhigenden Worten der *Apokalypse* enthalten, dem Buch, das die Warnungen und Ahnungen des Johannes auf der Insel Patmos zwischen 95 und 96 nach Christus enthält. Apokalypse bedeutet wörtlich Enthüllung, die Enthüllung der Ereignisse, die da kommen sollen, doch inzwischen steht das Wort im täglichen Sprachgebrauch für das Ende der Welt. Die zweiundzwanzig Bücher der *Apokalypse* folgen einem literarischen Trend, der in der damaligen Zeit nicht ungewöhnlich war. Es gab bereits diverse andere apokalyptische Schriften, wie etwas das *Buch Daniel*, das geheime *Buch Enoch* und das *Martyrium des Isai*, die vielleicht Ausdruck einer immer passiveren Haltung des Menschen gegenüber seinem Schicksal und dem Lauf der Welt waren.
Eine wesentliche Botschaft der *Apokalypse* ist die Rückkehr von Christus, aber auch die Gefahr, die von der Figur des Antichrist ausgeht, sowie die Nachricht vom endgültigen Triumph des Göttlichen, lauter Themen, die auch in anderen Prophezeiungen aufgenommen werden. Die schicksalsträchtigen Seiten sind voll von Symbolen und bildhaften Gleichnissen und können auf verschiedene Weise interpretiert werden. Die historische Deutung sieht die Texte als Hilfe für die Gläubigen der jeweiligen Zeit, um die Botschaft Gottes zu verstehen, und sie zu motivieren, alle Widrigkeiten zu überwinden. Die symbolische Art der Interpretation, von der es unzählige Spielarten gibt, sieht die *Apokalypse* unter anderem als Beschreibung einer inneren Wandlung. Schließlich kann sie auch als tatsächliche Prophezeiung vom Ende der Welt angesehen werden, eine Auslegung, die sich erst seit dem Mittelalter verbreitet hat und dem Text als solches einen absoluten Wert als Voraussagung kommender Ereignisse gibt, die die Zukunft der gesamten Menschheit betreffen.

DIE BÜCHER DER APOKALYPSE

Sieben Siegel und vier Reiter

Einer der Schlüsselmomente der *Apokalypse* ist die Öffnung eines versiegelten Buches über die Zukunft: »Und ich sah auf der rechten Hand dessen, der auf dem Thron saß, eine Buchrolle, sie war innen und außen beschrieben und mit sieben Siegeln versiegelt.« Diese Siegel können nur vom Lamm Gottes, das heißt von Christus, geöffnet werden. Beim Öffnen der Siegel werden Katastrophen enthüllt, deren eine größer ist als die jeweils vorhergehende. Bei den ersten vier Siegeln erscheinen die vier apokalyptischen Reiter: der Erste auf einem weißen Pferd mit einem unfehlbaren Bogen in der Hand, der Zweite, auf einem feuerroten Pferd, ist ermächtigt, der Erde den Frieden zu nehmen und die Menschen dazu zu bringen, sich gegenseitig abzuschlachten, er trägt ein Schwert. Der Dritte erscheint auf einem schwarzen Pferd und trägt eine Waage, der Vierte, auf einem fahlen Pferd, ist die Verkörperung des Todes und hat die Macht, ein Viertel der Bevölkerung der Erde hinzumorden.

Bei der Öffnung des fünften Siegels werden die Stimmen all jener laut, die wegen des Wortes Gottes hingeschlachtet worden sind, und beim sechsten »entstand ein gewaltiges Beben. Die Sonne wurde schwarz wie ein Trauergewand, und der ganze Mond wurde wie Blut. Die Sterne des Himmels fielen herab auf die Erde, wie wenn ein Feigenbaum seine Früchte abwirft, wenn ein heftiger Wind ihn schüttelt. Der Himmel verschwand wie eine Buchrolle, die man zusammenrollt, und alle Berge und Inseln wurden von ihrer Stelle weggerückt« (6, 12-14), ein Bild, das, wie wir gesehen haben, in späteren Prophezeiungen immer wieder auftaucht.

Mit dem siebten Siegel ist der Leidensweg noch lange nicht zu Ende, es ertönen sieben Posaunen, und bei jeder neuen Posaune kommt eine neue Geißel über die Erde herab: Erdbeben, Hagelstürme aus Feuer und Blut, ein brennender Berg stürzt ins Meer, ein Stern fällt vom Himmel und vergiftet Flüsse und Quellen, ein Drittel der Sterne erlöschen, und ein Adler verkündet vom Himmel, das noch Schlimmeres kommen wird. Schwärme von Heuschrecken mit der Kraft von Skorpionen überfallen nun die Menschen, der Beschreibung nach müssen sie einer Luftflotte gleichen, und »es wurde ihnen gesagt, sie sollten dem Gras auf der Erde, den grünen Pflanzen und den Bäumen keinen Schaden zufügen, sondern nur den Menschen, die das Siegel Gottes nicht auf der Stirn haben ... und die Heuschrecken sehen aus wie Rosse, die zur Schlacht gerüstet sind, auf ihren Köpfen tragen sie etwas, das goldschimmernden Kränzen gleicht, und ihre Gesichter sind wie Gesichter von Menschen ... ihre Brust ist wie ein eiserner Panzer, und das Rauschen ihrer Flügel ist wie das Dröhnen von Wagen, von vielen Pferden, die sich in die Schlacht stürzen. Sie haben Schwänze und Stacheln wie Skorpione, und in ihren Schwänzen ist die Kraft, mit der sie den Menschen schaden, fünf Monate lang« (9, 4-11).

KOMMT DER ANTICHRIST?

»Er setzt sich in den Tempel Gottes und gibt sich als Gott aus«

Die Apokalypse endet nicht mit dem Öffnen des siebten Siegels und dem Schall der sieben Posaunen, nach denen das Reich Gottes erstehen wird. Nein, es muss zunächst weiter gegen schreckliche Monster gekämpft werden. Ein feuerroter Drache, die alte Schlange und ein Tier aus dem Meer mit sieben Köpfen und zehn Hörnern. In manchen Interpretationen werden diese Textstellen als Ankündigung einer Invasion aus dem Orient und den arabischen Ländern ausgelegt, die die heiligen Stätten in Israel und Palästina bedrohen, Rom zerstören und den Papst zur Flucht zwingen werden. Das siebenköpfige Monster weicht einem noch viel schrecklicheren Tier, das aus der Erde aufsteigt, zwei Hörner wie ein Lamm hat, aber mit der Stimme eines Drachen spricht, große Zeichen tut, damit die Menschheit blendet und sie dazu bringt, sein Bild zu verehren: »Wer Verstand hat, berechne den Zahlenwert des Tieres, denn es ist die Zahl eines Menschen; seine Zahl ist sechshundertsechsundsechzig.« Noch niemand konnte das Rätsel um die geheimnisvolle Person lösen, dennoch wurden manchmal Parallelen zu den Protagonisten der blutigsten Abschnitte der Menschheitsgeschichte von Attila bis Hitler gezogen. Doch wir können die in der *Apokalypse* erwähnten Zahlen einer interessanten Betrachtung auf der Basis der klassischen Nummerologie unterziehen. Sieben ist die perfekte Zahl, die Drei bezeichnet das göttliche Prinzip, die spirituelle Realität, die Vier steht für die Welt und die materielle Realität. Immer wenn von Gott oder den Kräften des Guten die Rede ist, kommt die Zahl Sieben in diesem Zusammenhang vor. Der Teufel jedoch ist gescheitert, als er versuchte, die göttliche Macht zu erreichen, und er wird immer von der Zahl Sechs oder auch Dreieinhalb verkörpert. Die Zahl Sechshundertsechsundsechzig ist daher das absolute Symbol des Antichrist, jener Person, die sich zunächst als spirituelle Autorität manifestieren, dann aber ihre wahre, pervertierte Natur enthüllen wird. In einer Vision von Jeane

Dixon aus dem Jahre 1962 sieht sie die Person, die die Rolle des Antichrist verkörpern wird. Er wird im Mittleren Orient geboren, wächst in einem arabischen Land auf und ist bereits im Alter von zwanzig Jahren von Getreuen umgeben, doch erst 1999 zeigt sich seine volle Macht. Es wird sich nicht um ein religiöses, sondern um ein politisches Phänomen handeln, versichert die Seherin, der Antichrist ist eine militärische Figur: »Er wird die gesamte Erde erobern und sie mit modernsten Waffen unterwerfen ... sein Reich wird sich über alle Länder erstrecken, und sogar die Gedanken jedes Einzelnen werden kontrolliert ... Die christliche Kirche wird nur im Geheimen operieren können ... Er wird eine eigenartige, unmenschliche Religion aufstellen, die auf Atheismus basiert, und gegen jede andere Religion kämpfen.« Bei diesen Worten muss man an eine ältere Prophezeiung denken: »Denn zuerst muss der Abfall von Gott kommen, und der Mensch der Gesetzwidrigkeit erscheinen, der Sohn des Verderbens, der Widersacher, der sich über alles, was Gott oder Heiligtum heißt, so sehr erhebt, dass er sich in den Tempel Gottes setzt und sich als Gott ausgibt« (*Thessalonicher* 2, 3-4).

DAS SCHICKSAL ROMS

»Heiliger Stuhl an anderen Ort versetzt«

O weites Rom, dein Untergang naht! Nicht aus deinen Mauern, sondern aus deinem Blut und Wesen.« Diese Zeilen des Nostradamus entwerfen ein Bild, das in allen Prophezeiungen erscheint, die den Anstoß der *Apokalypse* aufnehmen und sich auf das Schicksal Roms als Sitz der christlichen Kirche beziehen. Die Nonne von Dresden beschreibt ihre Vision: »Aus der Pforte sah ich eine Prozession von Bischöfen und Kardinälen treten, die statt zu beten nur miteinander stritten. Sie bringen die Kirche nach Jerusalem, sagte einer. Und ein anderer: Sie haben einen Pakt mit dem Satan geschlossen. Dann hörte ich einen mächtigen Donner, und eine Staubwolke erhob sich. Als ich die Augen wieder öffnete, sah ich an der Stelle des Kolosseums einen kleinen See.« Eine mögliche Verlagerung

des Zentrums der katholischen Kirche kommt auch in einer Prophezeiung des Nostradamus vor. »Wegen der Macht der drei zeitlichen Könige wird der Heilige Stuhl an einen anderen Ort versetzt.« Eine Schlacht im Vatikan erscheint in der dramatischen Vision der deutschen Nonne Anna Katharina Emmerich, die im 18. Jahrhundert lebte. »Ich sah wieder die Peterskirche. Über ihr schwebte Michael, majestätisch in einem blutroten Gewand, und er hielt ein großes Kriegsschiff in der Hand. Auf der Erde tobte eine Schlacht ... Die Kirche war rot von Blut wie der Engel und mir wurde gesagt: ›Sie wird mit Blut gewaschen.‹« Papst Pius X. sah 1909 in einer Vision während eines Moments der unvorhergesehenen und unerklärlichen Schläfrigkeit den Pontifex den Vatikan verlassen, wobei er über die Leichen seiner Mitarbeiter schritt. Das Schicksal Roms steht in den Prophezeiungen aller Zeiten immer mit jenem der gesamten Menschheit in Verbindung. Schon seit der Zeit der Sibyllen kursieren Weissagungen, die besagen, dass mit der Zerstörung Roms das Ende der Zeit gekommen sei, und der hl. Ambrosius bestätigt diese Hypothese, indem er verkündet, die Rückkehr Christi würde nach der Zerstörung Roms und der Erscheinung des Antichrist erfolgen.

DIE LISTE DES MALACHIAS

Einhundertzwölf Päpste werden im Vatikan regieren

Die Zukunft der Heiligen Stadt Rom und der Institution des Papsttums scheint eng miteinander verbunden zu sein und sich gerade in unserer Zeit einem entscheidenden Wendepunkt ihrer Geschichte zu nähern. Zumindest lässt sich das aus einer kuriosen und bekannten Prophezeiung schließen, die aus einer Liste von einhundertzwölf aufeinanderfolgenden Päpsten besteht, die sich über praktisch tausend Jahre Geschichte spannt und im 12. Jahrhundert von einem irischen Bischof verfasst wurde.

Malachias, mit bürgerlichem Namen Mael Maedoc Ua Mogair, verzichtete nach Ausübung seines Kirchenamtes, während dessen er in Irland den Orden der Zisterzienser eingeführt hatte, am Ende seines Lebens auf alle Aufgaben und Würden, um als einfacher Mönch zu leben, und wurde nach seinem Tod heilig gesprochen. Er war ein Freund des Bernhard von Clairvaux, der sich auf viele seiner Prophezeiungen bezieht, die auch eingetroffen sind, doch er erwähnt die berühmte Liste nicht, sie wurde erst 1505 bekannt. In dieser Weissagung wird eine Reihe von einhundertzwölf Päpsten mit Symbolnamen vorausgesagt, die die Identität der künftigen Kirchenführer in chronologischer Reihenfolge kurz beschreiben. Cölestin II. (1143-1144) wird zum Beispiel als *Ex castro Tiberis* bezeichnet und ist tatsächlich in Città di Castello am Tiber geboren; Urban IV. (1261-1264) wird *Jerusalem campanie* genannt und war Patriarch von Jerusalem; Sixtus IV. (1471-1484) wird *Piscator minorita*, »Sohn der Fischer«, genannt und war Pater minor der Franziskaner; Clemens X. (1670-1676), *De flu-*

mine magno, wurde gewählt, während der Tiber Hochwasser führte; Leo XIII. (1878-1903) wird mit *Lumen de coelo* beschrieben, in seinem Familienwappen ist ein Komet abgebildet. Das sind einige Übereinstimmungen, die von der Realität bereits bestätigt wurden. Die Prophezeiung wird jedoch erst richtig interessant, wenn wir uns der Gegenwart nähern, da wir schon beinahe am Ende der Liste angelangt sind. Auf den letzten vier Listenplätzen finden wir einen Papst *De medietate lunae*, des abnehmenden Mondes, was gut auf Johannes Paul I. passen könnte, dessen Amtsperiode extrem kurz war, und dessen Wahl sowie auch der Tag seines Todes auf den abnehmenden Mond fiel. *De labore solis*, von der Arbeit der Sonne, wird dem aktuellen Papst zugeschrieben, als Anspielung auf seine Herkunft aus dem Osten oder auch auf seine unermüdliche Arbeit, seine Reisen, die ihn um die Erde führen wie die Sonne. *De gloriae olivae*, vom Ruhm des Olivenbaumes, könnte ein Hinweis auf den Frieden sein oder ein ökumenisches Zeichen für den vorletzten Papst auf der Liste des Malachias. Und schließlich sind wir beim letzten der einhundertzwölf Päpste angekommen, der zusammen mit seinen beiden Vorgängern zu den »Päpsten der großen Prüfungen« zählt. Bei diesem letzten Pontifex beschränkt sich Malachias nicht auf den kurzen Namen *Petrus Romanus*, sondern fügt einige Worte hinzu: »Bei der letzten Verfolgung der Heiligen Römischen Kirche sitzt Petrus Romanus ihr vor, der seine Herde durch große Nöte führt, nach denen die Stadt der sieben Hügel zerstört und der schreckliche Richter über sein Volk zu Gericht sitzen wird.«

DAS INNERE ARMAGEDDON

Ein Prozess der inneren Reinigung und Transformation

Das Buch der *Apokalypse* kann auch völlig anders ausgelegt und als Offenbarung betrachtet werden, die eine symbolische Darstellung eines Konflikts enthält, der im Inneren jedes Einzelnen von uns ausgetragen wird und nicht auf den Schlachtfeldern und dem politischen Feld. Armageddon, der nach der biblischen Schlacht benannte letzte Konflikt zwischen den Kräften der Dunkelheit und des Lichtes, könnte in Wirklichkeit ein Konflikt zwischen den niedrigen und höheren Prinzipien auf dem Gebiet der Persönlichkeit sein, und die *Apokalypse* könnte auch einen innerlich ablaufenden Prozess beschreiben, eine Transformation, die dem Individuum sowohl in materieller als auch in spiritueller Hinsicht sein wahres Wesen enthüllt. Es handelt sich hier um eine Jung'sche Interpretation im Einklang mit den Prinzipien der persönlichkeitsübergreifenden Psychologie, die die großen archetypischen Mythen und die symbolischen Gleichnisse der Bibel und der in der *Apokalypse* konzentrierten prophetischen Überlieferung entschlüsselt und sich auf die Art der Bibelauslegung stützt, die vor dem Konzil von Nizäa (325 n. Chr.) und der Synode von Alexandrien verbreitet war, wieder einführt. So wird eine alte Ungerechtigkeit im Umgang mit einer Gottheit, die einem Stammesgott gleichgesetzt wird, wiedergutgemacht und eine politische Zeitbombe entschärft, indem die These vom unvermeidlichen Atomkrieg keine solche mehr ist.

Nach dieser Auslegung ist die *Apokalypse* persönlicher Natur, eine existenzielle Krise, die den Übergang von einem unbewussten zu einem bewussten Leben darstellt, indem man sich selbst kennen lernt und auch die Welt, in der man lebt, indem man lernt, verantwortlich zu handeln mit dem Bewusstsein, Mit-Schöpfer des eige-

nen Schicksals kraft der eigenen Gedanken, Wünsche, Vorstellungen, Worte und Taten zu sein. Dabei hat man gegen zahlreiche Illusionen, Irrglauben, Vorurteile und Automatismen zu kämpfen, sie alle müssen »sterben«, um etwas Neues entstehen zu lassen, um den spirituellen Funken, der in uns allen wohnt, aufleuchten und unser tägliches Leben erhellen zu lassen. Der spirituelle Aspekt ist damit integraler Bestandteil der menschlichen Natur und die wahre revolutionäre Herausforderung des dritten Jahrtausends. »Das 21. Jahrhundert wird ein spirituelles Jahrhundert, oder es wird überhaupt nicht«, könnte man provokant sagen ...

DIE PROPHE-ZEIUNGEN DER SCHWARZEN SPINNE

»Sternenregen«

Im Unterschied zu den meisten Prophezeiungen, die den Anbruch des dritten Jahrtausends als das Ende der Zeiten angeben, erhebt sich eine originelle Stimme, die das schicksalhafte Datum tausend Jahre später ansetzt und nach einer ähnlichen Methode wie der des Malachias jedes Jahr bis zum 7. Juni 3117 mit einer kurzen Symbolbeschreibung versieht. An diesem bewussten Tag, »am Tag des göttlichen Zornes wird ein unglaubliches Donnergrollen zwei Kontinente heimsuchen, die explodieren. So wird Ruhm, Reichtum und Wissen der Erdenbewohner so winzig erscheinen, dass es sich im Universum verliert, ohne eine Spur zu hinterlassen.«

Die dramatischste aller Prophezeiungen wurde im 16. Jahrhundert von einem Seher formuliert, der unter dem Namen »Schwarze Spinne« in die Geschichte einging. Dieses Pseudonym verwendete ein bayerischer Mönch,

dessen richtiger Name unbekannt ist. Im 19. Jahrhundert wurde sein Kalender mit Prophezeiungen bekannt. 1789 wird darin als »blutige Walze« bezeichnet, es war das Jahr der Französischen Revolution. Das Jahr 1804 wurde mit den Worten »Großer Stern« beschrieben, es ist das Krönungsjahr von Napoleon Bonaparte. Neben 1870, dem Jahr, in dem das italienische Heer Rom eroberte und es zur Landeshauptstadt machte, steht geschrieben: »Auf der Erde von Petrus.« 1914, die »Ebene des Kreuzes«, war der Beginn des Ersten Weltkriegs, 1917, »die große Brandschatzung«, die bolschewistische Revolution.

Was prophezeit uns die Schwarze Spinne also für die Zukunft? Von 2000 bis 2010 dauert die »Zeit der Angst«, darauf folgen, Jahrzehnt für Jahrzehnt, die Zeit der Ordnung, der Besserung, des Wahns und des Triumphes der Frau, und in den folgenden Jahrzehnten des Vaters, des Raums, des Fleisches, dann des Triumphes der Liebe, der Schönheit, des Wissens. Gegen 2600 scheint sich die Situation wieder zu verschlechtern, mit dem Triumph der Ketten, Kains, Judas, des Blutes, der Pest, des Todes. Erst 3000, im Jahr des Sternenregens, wird die Welt in zwei Teile zerrissen, bis zum dramatischen Finale des 7. Juni 3117.

FRAUEN UND MADONNEN

»Der, der im Namen Gottes spricht«, der Prophet, ist nicht immer notwendigerweise männlichen Geschlechts. Schon in der Bibel, dem ältesten Zeugnis der Visionen und Weissagungen, kommen Frauen wie Deborah, Medal und Eldal vor, denen prophetische Begabungen zugeschrieben werden. Auch die in Mari, der alten mesopotamischen Stadt am mittleren Euphrat, deren Ruinen durch Zufall 1933 entdeckt wurden, gefundenen Texte enthalten zahlreiche Hinweise auf Frauenfiguren, die als Seherinnen prophetische Botschaften verbreitet haben.
In der Welt der Antike waren die Frauen nicht von der offiziellen Religionsausübung ausgeschlossen, sondern nahmen aktiv als Priesterinnen, Druidinnen oder Sibyllen daran teil. In diesen Kulturen war das weibliche Prinzip mit Intuition, Sensibilität, Kommunikation und als Verbindungselement zu den anderen Dimensionen der Realität sowie wegen der innigen Verbindung zur Natur hoch angesehen. Diese Werte kommen heutzutage zu neuen Ehren, sie werden wiederentdeckt, und das Phänomen des »Erwachens der Weiblichkeit« scheint von den zahlreichen Marienerscheinungen von La Salette über die bekannteren von Lourdes, Fatima und Medjugorie bis zu jener von San Damiano in der Provinz Piacenza bestätigt zu werden. Sie alle verbreiten eine ähnliche Botschaft, sie richten einen Appell an die Menschheit, den Zugang zum Gebet wiederzufinden, den großen Gefahren der zeitgenössischen Gesellschaft zu trotzen und die Werte des Lebens und der Liebe triumphieren zu lassen.

DIE SIBYLLE VON CUMAE

»Die leuchtenden Sterne am Firmament werden nicht mehr frohlocken«

Im Unterschied zu den Priestern der verschiedenen Gottheiten, den Auguren, den Orakeln und den Wahrsagerinnen der antiken Welt, die immer nur kurz- bis mittelfristige Voraussagen trafen, schrieben die Sibyllen Prophezeiungen nieder, die sich erst im Laufe der Jahrhunderte erfüllen sollten. Wie die Sibyllen zu ihrem Namen gekommen sind, ist nicht geklärt. Eine Hypothese besagt, dass Daphne, die Tochter eines Wahrsagers, nach Delphi kam und ihre seherische Begabung dort entwickelte. Da sie ihre Orakelsprüche stets in einem Sturm der Begeisterung ausstieß, wurde sie mit dem Namen »Sibylla« bezeichnet, was in der Landessprache »die Begeisterte« bedeutet. Andere meinen, Sibylle sei der Name einer Prophetin aus Erythräa in Kleinasien gewesen, der dann auch auf alle anderen übertragen wurde. Historiker und Poeten wie Ovid und Vergil benennen zwölf verschiedene Sibyllen wie zum Beispiel Herophile aus Erythräa, die Delphierin Libyssa, Tiburtina, Albunea und die Sibylle von Cumae.

Die interessanteste und bekannteste Persönlichkeit darunter ist sicherlich die Sibylle von Cumae, die nach der Überlieferung das ehrwürdige Alter von zwölfhundert Jahren erreicht hat. Denn Apollo, der in Leidenschaft entbrannte, als sie das Orakel befragte, nahm ihr das Versprechen ab, seine Liebe zu erhören, wenn er ihr so viele Jahre Lebens schenkte, wie Sandkörner in seiner Hand Platz fanden. Da sie ihr Versprechen jedoch nicht hielt, gab er ihr zwar das lange Leben, das sie verlangt hatte, nicht jedoch ewige Jugend. So alterte sie, bis schließlich nur noch ihre Stimme übrig war. Die bekannteste Anekdote ist die Geschichte vom Verkauf der berühmten *Sibyllinischen Schriftrollen*. Eine Greisin verlangte

von Tarquinius Superbus dreihundert Goldstücke für neun geheimnisvolle Schriftrollen. Als der römische König den Preis als zu hoch bezeichnete, warf sie drei davon ins Feuer und verlangte für die restlichen ebenso viel. Da der König immer noch nicht bereit war, diesen Preis zu bezahlen, verbrannte sie noch drei davon. Da wurde er nachdenklich und beschloss, die drei verbliebenen dennoch zu erwerben. Die Botschaft dieser Schriftrollen hat einen ähnlichen Inhalt wie die Prophezeiungen aus den späteren Jahrhunderten und erzählt von der bevorstehenden Apokalypse mit großen Katastrophen, dem Tag des Weltgerichts und von einer anschließenden Erneuerung.
»Nach dem vierten Jahr erstrahlt ein großer Stern am Himmel, der die Erde ganz allein vernichten wird ... Ich sah zwischen den Sternen die Bedrohung einer flammenden Sonne«, soll die Sibylle von Erythräa gesagt haben, und Libyssa fügt hinzu: »Die leuchtenden Sterne am Firmament werden nicht mehr frohlocken, es wird keinen Tag mehr geben und keinen Morgen, keine langen Tage voller Sorge, keinen Frühling, Winter oder Sommer, und nicht die fröhliche Zeit des Herbstes: Das große Gericht Gottes wird kommen.« Die Prophezeiung beschreibt anschließend eine Zeit des Friedens und der Gerechtigkeit, von der die Sibylle Italica sagt: »Glücklich sind die Menschen, die in dieser Zeit auf der Erde leben.«

MERLIN UND MARIEN-ERSCHEINUNGEN

Hundertfünfunddreißig Erscheinungen in den letzten zwanzig Jahren

Wenn die Heilige Mutter Gottes an mehreren Orten erscheint, und Petrus zwei Namen haben wird, dann ist es Zeit, sich zu rüsten, denn die sechste Stunde ist nah.« So drückte sich eine mystische Persönlichkeit namens Merlin aus. Der geheimnisvolle Prophet, der nicht mit dem Merlin aus der Artussage zu verwechseln ist, lebte im vierten Jahrhundert in Gallien, und seine Weissagungen wurden von einem Bischof des 12. Jahrhunderts gesammelt und überliefert. Die sechste Stunde ist der Mittag der Römer, die Stunde, zu der die Kreuzigung Christi stattfand, eine Stunde daher, die großes Unheil ankündigt. Die Anspielung auf die zwei Namen des Petrus wurden oft mit der Tatsache in Verbindung gebracht, dass zwei Päpste hintereinander denselben Namen annahmen: Johannes Paul I. und Johannes Paul II. Bereits seit etwa hundert Jahren mehren sich Erzählungen, nach denen Frauenfiguren an verschiedenen Orten vor Mägden, Kindern oder einfachen Leuten aus dem Nichts erscheinen.

Alle diese Erscheinungen haben zahlreiche ähnliche Charakteristika, und auch die Botschaft ist nach Form und Inhalt vergleichbar. Immer wird die Menschheit gemahnt, umzudenken, bevor es zu spät ist. Immer wird die Warnung mit der Besorgnis einer Mutter um ihre Kinder ausgesprochen, die sie zur Besinnung bringen will, bevor das Schlimmste geschieht, um sie vor dem zu bewahren, was man als »Marienapokalypse« bezeichnet, eine Serie von Ereignissen »schlimmer als die Sintflut«, die über die Menschheit hereinbrechen soll.

Obwohl es allein in Italien in den letzten zwanzig Jahren hundertfünfunddreißig solcher Erscheinungen gegeben hat, so ist die Skepsis von Seiten der Kirche noch groß. Die meisten der Erscheinungen werden nicht offiziell anerkannt, und die Begeisterung darüber hält sich in Grenzen, doch einige darunter sind bereits weltberühmt geworden und haben auch Päpste und Staatschefs in den Versuch mit eingebunden, das von den lebenden Bildern vorausgesagte Debakel zu verhindern.

DIE MADONNA VON LA SALETTE

»Eine schöne Frau ganz voller Blüten und Licht«

Gerade Hirten oder Kinder, Menschen von einfachem Geist, scheinen die liebsten Gesprächspartner dieser Frauenfiguren zu sein, die vorzugsweise an Quellen oder Wasserläufen erscheinen, um ihrer Besorgnis Ausdruck zu geben und ihre Warnungen zu verbreiten. »Eine schöne Frau ganz voller Blüten und Licht« wurde am 19. September 1846 in La Salette, einem französischen Bergdorf nahe Grenoble, von Melanie Calvat und Maximin Giraud, elf und fünfzehn Jahre alt, gesehen, als sie sich dem Brunnen näherten, an dem sie ihre mitgebrachte Mahlzeit verzehren wollten. Zuerst sahen sie eine leuchtende Kugel, aus der eine zunächst sitzende Frauenfigur mit traurigem, in die Hände gestütztem Gesicht erschien, die sich alsbald groß und majestätisch aufrichtete, ohne den Boden zu berühren. »Wehe den Erdenbewohnern! Gottes Zorn wird über sie kommen, und keiner wird der Not und dem Übel entrinnen, das sich zur gleichen Zeit auf die Erde niederschlägt. Die Menschheit steht am Rande schrecklicher Ereignisse ...« Es muss für die beiden Kinder nicht leicht gewesen sein, zum Boten für solcherlei Nachrichten zu werden. Und das ist erst der Anfang, es geht weiter: »Es wird blutige Kriege und Hungersnöte geben, Epidemien der Pest und anderer ansteckender Krankheiten, gewaltige Regenfälle und Hagelstürme. Donner und Blitz werden mit ihrem Feuer ganze Städte zerstören. Die ganze Welt wird im Schrecken liegen. Am Ende wird sich die Sonne verdunkeln ... die Jahreszeiten verschieben sich. Die Erde bringt nur noch schlechte Frucht hervor. Die Sterne verlassen ihre regelmäßigen Bahnen, der Mond wird nur noch leicht rötlich leuchten. Es werden schreckliche Erdbeben kommen, und Berge und Städte untergehen.« Viele dieser Bilder sind in der Geschichte der Prophezeiungen nicht neu und kommen auch in den Botschaften jüngerer Marienerscheinungen immer wieder vor, wie 1917 in Fatima in Portugal, 1961 in Garabandal in Spanien, 1967 in San Damiano bei Piacenza und schließlich 1981

in Medjugorie in der Herzegowina. Immer ist auch eine Botschaft der Hoffnung enthalten: »Wenn die Menschheit sich besinnt, dann werden Steine und Felsen fruchtbar und bringen viel Korn hervor, und die Felder bringen reiche Ernte.«

DAS WUNDER VON LOURDES

Eine spirituelle Pilgerreise

Im Jahre 1843 war Lourdes ein Städtchen von 4135 Einwohnern. Seine stolz auf einem Felsrücken der Mirambelle thronende Festung kontrollierte im Mittelalter den Zugang zu den inneren Pyrenäentälern. Damals wies noch nichts darauf hin, dass daraus einst der größte Marienwallfahrtsort der Welt werden würde. Am Donnerstag, dem 11. Februar 1858, sammelte Bernadette mit ihrer Schwester vor der Grotte von Massiabelle Feuerholz ein, als sie plötzlich »eine weiß gekleidete Frau, die von einem sanften Licht umgeben war«, erscheinen sah. Auf diese erste Erscheinung folgten weitere achtzehn. In dieser Region war die Verehrung der Frauenfigur in der spirituellen Welt der Bewohner immer ein stark präsenter Faktor gewesen, auch in den Religionen, die vor der Verbreitung des Christentums dominierten und auf die Keltenzeit zurückgehen.

Das Interesse, das das Erlebnis dieses Mädchens einfachster Herkunft, das jedoch eifrig studierte und sich viel mit der Religion beschäftigte, in der Öffentlichkeit erweckte, wuchs jeden Tag, bis sich auch die lokalen Kirchenautoritäten dafür interessierten. Das Wasser aus der Grotte hatte nach der achten Erscheinung bereits einige Wunderheilungen vollbracht, und die Frauenfigur gab sich schließlich als die »Unbefleckte Jungfrau Maria« zu erkennen. Ihre Botschaft ist voller Liebe und Hoffnung: »Sie trug mir auf, für die Sünder zu beten«, berichtete Bernadette. Diese Marienerscheinung verbreitete

keine Nachrichten von bevorstehenden Katastrophen, doch auch sie mahnt die Menschen, einen Weg des Gebets und der Spiritualität zu beschreiten, doch im Unterschied zu späteren Erscheinungen bleibt sie den Gleichnissen und dem Sprachgebrauch der zeitgenössischen katholischen Religion verbunden.
Eine Prophezeiung in Verbindung mit Lourdes, die sich nachweislich bereits erfüllt hat, war diejenige, die Monseigneur Laurence in einem Hirtenbrief 1862 aussprach: Er erkannte die ersten sieben Erscheinungen als Wunder an, sagte der kleinen Stadt eine glanzvolle Zukunft voraus und ahnte auch, dass die französische Eisenbahn, die sich damals im Bau befand, die ursprüngliche Trassenführung ändern und Toulouse und Pau über Lourdes verbinden würde. So wurde aus einem kleinen Dorf in weniger als hundert Jahren eine blühende Stadt mit etwa 20.000 Einwohnern.

DAS GEHEIMNIS VON FATIMA

»Satanas wird Verwirrung in den Hirnen der Wissenschafter stiften«

Die Marienerscheinungen in Fatima begannen am 1. Mai 1917 und gehören sicherlich zu den Phänomenen, die die Fantasie nicht nur des einfachen Volkes am meisten beschäftigt haben. In den ersten beiden Botschaften finden sich deutliche Anspielungen auf den Zweiten Weltkrieg, der in den folgenden Jahren ausbrechen sollte, doch die wichtigsten Warnungen beziehen sich auf spätere Ereignisse, die für die zweite Hälfte des 20. Jahrhunderts vorausgesagt wurden. Und wieder war es eine »wunderschöne Frau, strahlend wie die Sonne«, die vor drei Kindern erschien, Lucia Do Santos, Jacinta und Francisco Marto, zehn, sieben und neun Jahre alt. Francisco sah die Jungfrau, Jacinta sah und hörte sie, und Lucia sah sie, hörte sie und sprach mit ihr. Am 13. Juli 1917 fand die berühmteste der Erscheinungen statt, während der sie das sogenannte »dritte Geheimnis von Fatima« enthüllte, dessen Inhalt nur dem Papst zur Kenntnis gebracht wurde. 1942 wurde ein Teil der Nachricht veröffentlicht, der sich hauptsächlich auf die potenzielle Gefahr bezog, die von Russland ausging. Es wurde verlangt, Russland als Bedingung für den Frieden zu bekehren. Vielleicht deshalb, vielleicht aber auch aus anderen Gründen, änderte sich die Politik des Heiligen Stuhls im Umgang mit diesem Land daraufhin, und es wurde ein offeneres Gesprächsklima gepflegt. Der zweite Teil der Botschaft sollte 1960 der Öffentlichkeit zur Kenntnis gebracht werden, was aber nicht geschah. Anscheinend hat stattdessen Papst Johannes XXIII. allen Regierungen eine diplomatisch verfasste Version des dritten Geheimnisses zukommen lassen, in der Hoffnung, damit die atomare Bedrohung abzuwenden. Dieser Text wurde am 15. Oktober 1963 in der Stuttgarter Zeitung *News Europe* veröffentlicht und seither von zahlreichen Zeitungen auf der ganzen Welt reproduziert, ohne dass der Vatikan seine Richtigkeit je bestätigt oder in Abrede gestellt hätte. Er lautete wie folgt: »Eine große Prüfung kommt über die Menschheit ... Die Menschen haben die Gesetze Gottes gebrochen und mit Füßen getreten, was ihnen gegeben wurde. Nirgends herrscht Ordnung. Selbst in den höchsten Ämtern herrscht Satan und entscheidet über den Lauf der Dinge. Er wird sich sogar in die höchsten Positionen der Kirche aufschwingen. Er wird Verwirrung stiften in den Hirnen der Wissenschafter, und sie werden Waffen erfinden, die in wenigen Minuten die Hälfte des Menschengeschlechts vernichten können. Er wird die Mächtigen der Erde seinem Willen unterwerfen und sie dazu bringen, Waffen in Massen zu produzieren. Wenn sich die Menschheit nicht dagegen zur Wehr setzt, werde ich gezwungen sein, den Arm meines Sohnes fallen zu lassen. Dann wird Gott die Menschen härter und schärfer strafen als mit der Sintflut ...«

PROPHEZEIUNGEN WELTWEIT

Wenn man die Mythen und Prophezeiungen aller Kulturen vergleicht, findet man mehr Übereinstimmungen als Abweichungen, sowohl was die Vergangenheit als auch was die Zukunft betrifft. Die Erwartung eines Erlösers ist in der Überlieferung überall auf unserem Planeten weit verbreitet, und welch schreckliche Geißeln die Menschen auch immer zu erwarten haben, danach steht eine Wiedergeburt, ein Neubeginn, eine Besserstellung, der all der Schrecken letztendlich dient.

Die aktuelle Jahrtausendwende scheint für viele Kulturen der Vergangenheit und der Gegenwart ein bedeutsamer Zeitpunkt zu sein, an den sie hohe Erwartungen knüpfen. Die alten Ägypter schnitten in der Cheopspyramide Zeichen in den Stein, die noch nicht zur Gänze entziffert werden konnten. Das jüdische Volk wartet seit mehr als 2000 Jahren auf den Messias, der die gesamte Menschheit erlöst. In der buddhistischen Überlieferung erwartet man die Rückkehr Buddhas, des Erleuchteten, der nach der Meinung einiger bereits auf der Erde weilt. Die Tibetaner, die nicht gerne von Prophezeiungen sprechen, erwarten die Erlösung in einem Moment der Gefahr durch die Figur einer Frau. Die mysteriösen Maya haben einen Kalender hinterlassen, der uns mit einem viel weiteren Begriff von Zeit vertraut macht als dem, den wir bisher kennen. Die amerikanischen Eingeborenen erwarten das Zeitalter des Regenbogens, eine Ära des Friedens und der Harmonie. Die Erwartung eines Goldenen Zeitalters ist auf dem ganzen Planeten stark wie nie, ein erster Schritt in Richtung seiner Realisierung!

DIE GROSSE PYRAMIDE

Ein Buch aus Stein

Von dieser Pyramide blicken vierzig Jahrhunderte Geschichte auf euch herab«, soll Napoleon zu seinen Soldaten angesichts der Cheopspyramide gesagt haben. Allerdings scheint es, als wären es in Wirklichkeit weit mehr Jahrhunderte gewesen, wenn man von einer Inschrift aus der vierten Dynastie ausgeht, in der man von der Sphinx und der Cheopspyramide sagt, ihr Ursprung verliere sich im Dunkel der Zeiten. Schon immer galten die Pyramiden als eines der Weltwunder, ihre eindrucksvolle Größe und die Präzision der Form und der Position sorgten für Bewunderung und Verblüffung. Der aufsteigende Gang des Grabmals des Königs Cheops liegt in einer perfekten Linie zum Polarstern, der Durchmesser der Basis - 36.506 Zoll - ergibt mit der Verschiebung des Punktes um eine Stelle die genaue Anzahl der Tage des Jahres mit dem Stundenanteil aus dem Schaltjahr. Die Diagonalen der Pyramide begrenzen nach außen projiziert das Nildelta exakt, und der Meridian, der das Bauwerk in zwei Hälften unterteilt, teilt auch das Festland genau in zwei Hälften. Die als Bollwerk für die Ewigkeit errichteten Pyramiden sind in der Lage, jedem Erdbeben und jeder Naturkatastrophe zu trotzen.

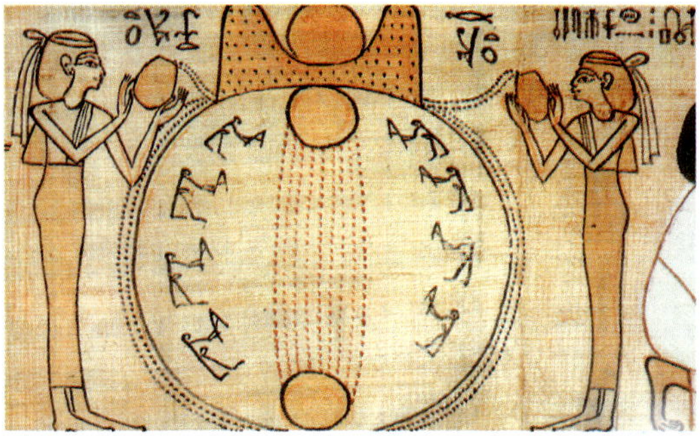

Man geht deshalb davon aus, dass sie bereits vor der biblischen Sintflut existiert und diese überstanden haben könnten, und dass sie die lebenswichtigen Informationen für den Wiederaufbau der menschlichen Zivilisation enthielten.

Doch das ist noch nicht alles. Nach einer Inschrift, die bereits im 10. Jahrhundert übersetzt worden ist, entspricht die Pyramide einem Buch aus Stein, in dem nicht nur Informationen über die Sterne und ihren Lauf sowie eine Chronik der vergangenen Zeiten enthalten ist, sondern auch Voraussagen über die Zukunft. Die komplexe, nicht lineare Abfolge der Korridore und Gänge im Inneren der Pyramide wurde von vielen Gelehrten als eine Chronologie interpretiert, die analog zum Ablauf der Zeit verläuft. Der Anfang der Galerie wird mit dem biblischen Schöpfungsjahr assoziiert, das etwa um 4000 v. Chr. angesiedelt ist, und ab diesem Zeitpunkt entspricht jeder Zoll einem Sonnenjahr, und jede Inschrift, jeder Gang, jede Kammer hat eine Entsprechung mit einem der wichtigen Ereignisse im Verlauf der Geschichte. Die Auslegungen sind vielfältig und sehr unterschiedlich. Einig ist man sich jedoch weitgehend in der Tatsache, dass der große aufsteigende Gang den Beginn der Ära des Christentums zum Inhalt hat, doch die folgenden Passagen werden nicht immer auf die gleiche Art interpretiert, ebenso wie der Schluss dieser Ära vor dem Eingang in die Königskammer, manche geben das Jahr 2001, manche 2090, 2444 oder sogar 2914 an. Ende der Welt? Ende einer Kultur? Oder einfach nur das Ende einer originellen Hypothese?

ERWARTUNG DES MESSIAS

»Eine Zeit, in der es keine Kriege und Konflikte mehr gibt«

Wenn man im biblischen Sinne von Prophetismus und Propheten spricht, so denkt man vor allem an Jeremias, Ezechiel, Jesaja, Amos und Elias, diejenigen, denen die Aufgabe zuteil wurde, das Volk Israel zur Vollkommenheit zu führen, zum Wort Gottes. Doch das Phänomen des Prophetismus taucht in allen Kulturen immer wieder auf, besonders in Zeiten, in denen die religiöse oder politische Struktur eines Systems in einer Krise steckt. Oft haben diese Botschaften einen progressistischen Inhalt und rufen einerseits zur Rückbesinnung auf die Essenz und andererseits zur Erneuerung der Form auf. Das alte menschliche Dilemma zwischen dem Wagnis des Unmöglichen und des Fügens in das Unvermeidliche wiederzuerwecken ist die Aufgabe der Propheten im eigentlichen Sinne, deren Name wörtlich bedeutet: »der das Wort Gottes gehört hat«. Das ist es auch, was sie von anderen Wahrsagern und Hellsehern sowie Medien unterscheidet, die meist nur passive Überbringer einer Botschaft sind und nicht zum Dialog zwischen Himmel und Erde einladen. Viele der biblischen Prophezeiungen beziehen sich auf einen ganz bestimmten Zusammenhang: die Voraussage der Zerstörung Babylons, den Wiederaufbau nach der Zerstörung, den anschließenden Zerfall des Reiches Israel und die Zerstreung des israelischen Volkes in alle vier Himmelsrichtungen. Doch damit endet die zweitausend Jahre alte Vision der Propheten nicht, sie kündigt auch noch einen Erlöser an, einen Messias, der eine Zeit bringen wird, in der es keine Kriege und Zwistigkeiten mehr gibt: »Dann wird der Herr einen neuen Priester erhöhen, der alle Worte des Herrn kennen wird. Er wird viele Tage lang ein Gericht halten auf Erden. Er wird auf der Erde erhöht und wird strahlend wie die Sonne erscheinen und alle Dunkelheit vom Himmel neh-

men, und es wird Frieden auf Erden herrschen. In seinem Priesteramt werden die Gerechten mit neuem Bewusstsein erfüllt und durch die Gnade des Herrn erleuchtet. In seinem Priesteramt wird es keine Sünde mehr geben, und die Gesetzlosen werden aufhören, Unrecht zu tun« (*Levi,* 18, 2-9).

Die Erwartung des Messias ist eine der wichtigsten Komponenten der jüdischen Religion, und mit dem Wiederaufbau des Staates Israel ist nach der Meinung einiger eine neue Ära für das jüdische Volk eröffnet, in der die Propheten wieder Gottes Wort auf der Erde erklingen lassen. Tatsächlich mehren sich in der oft chaotischen und konfliktreichen Realität des Israel von heute jene Stimmen, die zwar noch nicht immer gehört und auch von der orthodoxen Kirche mit Misstrauen betrachtet werden, die jedoch dazu aufrufen, zur wahren Bedeutung des spirituellen Weges zurückzukehren und die Macht der Liebe wiederzuentdecken. Wenn in der israelischen Überlieferung vom Messias die Rede ist, so wird er in manchen Texten als kriegerische Persönlichkeit dargestellt, in anderen ist er ein Priester, in wieder anderen ein abstrakter Erlöser, dessen Beschreibung mehr an einen inneren Entwicklungsprozess des Individuums denken lässt. Doch in allen Fällen sind die Grundzüge der Ära des Messias dieselben: Das Judentum wartet auf eine Zeit, in der es nicht nur Frieden für das Volk von Israel, sondern für die gesamte Menschheit geben wird, dass dieses Reich auf der Erde sein wird, und dass die aktive Teilnahme des Menschen von grundlegender Bedeutung für das Einschreiten Gottes in den Prozess der Erlösung ist.

DIE RÜCKKEHR MAITREYAS

Buddhas Versprechen

Im Tempel des Klosters von Ghum, nicht weit von der nepalesischen Grenze, gibt es ein großes Bildnis des Buddha, auf dem er statt in der bekannten Position im Lotossitz auf einem Thron sitzt, wobei die Beine herabhängen und beide Füße den Boden berühren. Dies wird als Zeichen gedeutet, dass die Zeit seiner Rückkehr nahe ist, denn er bereitet sich darauf vor, von seinem Thron herabzusteigen, um eine alte Prophezeiung zu erfüllen, die er einst selbst vor seinen Schülern ausgesprochen hat: »Es wird eine Zeit kommen, o Mönche, da ein Buddha (ein Erleuchteter) namens Maitreya (der Gütige) aufsteigt, ein Heiliger, der in den Dingen des Verhaltens kundig ist, der das Universum kennt, ein unvergleichlicher Führer der Menschen, ein Herr über Engel und Sterbliche, ein gesegneter Buddha ...«

Die Erwartung einer Rückkehr Buddhas ergibt sich auch aus der Überlieferung, nach der das Rad des Dharma, das Rad des Lebens, eine volle Umdrehung vollführt, nach der jeweils eine neue Vision für die Menschheit entsteht, sich entwickelt und dann wieder verschwindet, um ihre Stelle einer anderen zu überlassen. Der Anfang des nächsten Zyklus fällt mit dem Beginn des dritten Millenniums zusammen und wird zahlreiche Veränderungen bringen, darunter das Erwachen noch in Menschen schlummernder Fähigkeiten und den Beginn einer Ära der Harmonie. Die Erwartung eines Erlösers ist unter den Völkern des Ostens sehr verbreitet. Im

wedisch-brahmanischen Glauben in der indischen Überlieferung erwartet man den zehnten Awatar, einen Boten Gottes, der von weit her kommt und in den alten Illustrationen der *Weda* auf einem weißen Pferd dargestellt wird. Manche behaupten, Maitreya weile seit 1977 bereits unter uns und führen als Beweis dafür sporadische, unerwartete Erscheinungen an. Es gibt eine internationale Bewegung, *Share International*, die diese Manifestationen des Erlösers dokumentiert und in einem monatlichen Blatt veröffentlicht. Die Botschaft des vermeintlichen Erleuchteten ruft zu ethischer und spiritueller Neubesinnung auf: »Die Probleme der Menschheit sind reell, aber lösbar«, sagt der zeitgenössische Maitreya, »die Lösung ist nah. Nehmt die Bedürfnisse eures Bruders als Maßstab für euer Handeln, und ihr werdet die Probleme dieser Welt lösen. Es gibt keinen anderen Weg.«

TARA, DIE ERLEUCHTETE

Feuervögel werden das Volk von Tibet zerstreuen

Im tibetanischen Buddhismus hält man sich mit Prophezeiungen sehr zurück. »Wenn man von Prophetismus spricht«, sagte ein Mönch aus dem Kloster Ganden in einem Interview, »so braucht man zuerst einmal wahre Propheten, erleuchtete Wesen, die in der Lage sind, zu sehen, was die normalen Menschen nicht sehen, dann müssen diese Personen noch einen hohen Grad an Scharfsinn und Sensibilität sowie einen reinen Sinn haben, um den wahren Inhalt der Prophezeiung zu verstehen und danach zu handeln. Sind diese Voraussetzungen nicht gegeben, haben die Prophezeiungen keinen Sinn.« Aus buddhistischer Sicht schafft der Mensch von Augenblick zu Augenblick sein eigenes Schicksal, mit all den Folgen seiner Handlungen: »Was wir in der Gegenwart tun, hängt von dem ab, was wir in der Vergangenheit getan haben, und was wir in der Zukunft tun werden, hängt von dem ab, was wir in der Gegenwart tun.« Daher liegt stets mehr Augenmerk auf der Gegenwart als auf der Zukunft, und das Wichtigste ist, als Person zu wachsen und auf die richtige Weise am Geschehen auf der Welt teilzunehmen.

Dennoch existieren einige bekannte Prophezeiungen, von denen eine bereits auf tragische Weise Realität geworden ist. Danach sollten Feuervögel das Volk von Tibet zerstreuen. Die chinesische Invasion in Tibet war tatsächlich ein dramatisches Ereignis, dessen Tragweite der Orient erst jetzt langsam erkennt. Es hatte die positive Nebenwirkung, wenn man so sagen kann, dass dadurch altes, wertvolles Kulturgut in der gesamten Welt

verbreitet wurde, das zuvor eifersüchtig hinter den uneinnehmbaren Klostermauern gehütet worden war und nun mehr und mehr der gesamten Menschheit zugänglich wird.

Unter den bekanntesten tibetanischen Prophezeiungen für die Zukunft gibt es eine, die eine große Gefahr für die Menschheit in einer Epoche voraussieht, in der sowohl religiöse als auch politische Gespenster übertriebene Dimensionen annehmen, bis Tara erscheint, eine erleuchtete Frau, die den Anführer der destruktiven Kräfte verführt, ihn unterwirft und die Unterdrückung und die Zerstörung beendet.

DER MAYAKALENDER

Aufbruch ins Zeitalter der Sonne

Die jüngste der antiken Hochkulturen, die sich auf unserem Planeten entwickelt haben, ist die der sagenhaften Maya. Obwohl den Archäologen zahlreiche Fundstücke und Ausgrabungsstätten zur Verfügung stehen, ist es dennoch noch nicht gelun gen, den Schleier des Geheimnisses zu lüften, der diese Kultur umgibt. Die Mayakultur, die sich hauptsächlich zwischen 435 und 830 n. Chr. entwickelt hatte, beeindruckt von Anfang an mit imposanten architektonischen Leistungen wie den berühmten Stufenpyramiden sowie einer extrem präzisen, komplexen Zeitrechnung. Erst durch eine neue Wissenschaft, die Archäoastronomie, konnte die Genauigkeit dieses Systems richtig gewürdigt werden, denn dadurch gelang es, den berühmten Kreiskalender namens *Tzolkien* mit dem unseren zu vergleichen. Die astronomischen Kenntnisse der Maya waren so weit fortgeschritten, dass sie den Umlauf der Erde um die Sonne genau berechnen konnten, ebenso wie die Mondphasen, Mond- und Sonnenfinsternisse sowie die Umlaufbahnen diverser anderer Planeten des Sonnensystems. Der Mayakalender nimmt auch eine längerfristige Einteilung der Zeiten vor, nach der wir derzeit in der Schlussphase eines großen kosmischen Zyklus leben. So ein Zyklus besteht aus 26.000 Jahren und ist in fünf Abschnitte zu 5125 Jahren unterteilt, die wiederum in dreizehn kleinere Zyklen unterteilt werden, von denen jeder dem Durchzug einer galaktischen Welle entspricht, die das Universum durchquert und eine bestimmte Qualität in der Realität fördert. Der 13. Zyklus, der 1618 begonnen hat und am 21. Dezember 2012 endet, ist der der »Transformation der Materie«, des wissenschaftlichen Materialismus, der industriellen Revolution, der Atomenergie. Wenn es der Menschheit gelingt, die Konsequenzen dieser Entwicklungen nicht auf die Spitze zu treiben und das Potenzial dieser Ära nicht in einer Atomkatastrophe enden zu lassen, dann werden wir relativ untraumatisch den schicksalhaften Moment erreichen, in dem die Synchronisation mit einem Schwingungsfeld einer höheren Frequenz erfolgt, wodurch unser Planet in die galaktische Gemeinschaft aufgenommen wird. Die psychische Grundstruktur des Menschen wird sich ändern, er wird fähig sein, auf einer höheren Bewusstseinsebene zu denken und zu handeln, und Teil eines viel ausgedehnteren Universums werden, zu dem auch andere Sonnensysteme gehören. Die Maya sind in dieser Vision Gesandte aus den Tiefen der Galaxis, die nur so lange auf unserem Planeten verweilten, wie sie brauchten, um uns ein Instrument zu hinterlassen, mit dem wir in der Lage sind, jenen bewussten Zeitpunkt der galaktischen Synchronisation zu errechnen, der dem in vielen anderen Prophezeiungen geschilderten Beginn des »Goldenen Zeitalters« entspricht. Die Maya nannten es das »Zeitalter der Sonne«.

DAS ZEITALTER DES REGENBOGENS

»Mitayuke oyasin, *wir alle sind Brüder*«

Die vom Vater auf den Sohn überlieferte Geschichte vom *Fels der Prophezeiung* Hopi besagt, dass die Menschheit zunehmend »zwei Herzen« haben werde, das heißt immer mehr fähig sein wird, mehr auf den Verstand als auf das Herz zu hören. An einem gewissen Punkt muss sich der Mensch entscheiden, ob er weiterhin auf dem Weg des rein rationellen Denkens bleiben will, oder ob er wieder den Weg des Denkens mit dem Herzen beschreitet. Von dieser Entscheidung hängt die Zukunft der Menschheit ab, die entweder in die Selbstzerstörung mündet, oder in die Fähigkeit, das Wesen des anderen zu respektieren.

In dieser Geschichte ist von drei Zeichen die Rede, die der Schöpfer der Menscheit in jenem Moment geben wird, in der sie ihren wahren Ursprung und das Band, das alles Leben auf der Erde eng miteinander verbindet, vergisst. Das erste ist ein Insekt auf einem schwarzen Band, das am Himmel erscheint. Dieses wurde als ein Flugzeug gedeutet, das zum ersten Mal während des Ersten Weltkrieges eingesetzt wurde. Das zweite ist ein Sonnenrad, ein altes Hopisymbol, das den Ursprung des Volkes aus der Erde und seine Verbreitung in alle vier Himmelsrichtungen symbolisiert und nun als Hakenkreuz zum traurigen Symbol für den Zweiten Weltkrieg geworden ist. Das dritte ist eine rote Fläche, die letzte Warnung an die Menschheit. Was erwartet uns demnach?

Sunbear vom Stamm der Chippewa, ein zeitgenössischer Medizinmann, hält die Tradition seines Volkes hoch. In einem seiner Bücher, die die ältesten Weisheiten und Prophezeiungen des eingeborenen Volkes Amerikas enthalten, warnt er die Menschen vor den schrecklichen Folgen ihres Lebensstils. Er sagt unter an-

derem voraus, dass der Planet gegen die Menschheit rebellieren wird, dass er »sie abschütteln wird wie ein Hund, der seine Flöhe loswerden will«. Für alle, die bereit sind, sich zu ändern und ein höheres Bewusstsein zu erreichen, beginnt eine neue Ära.

Die Lakota erwarten einen blauen Stern, der den Augen der Menschen neue Horizonte erschließt und den Beginn der »Ära des Regenbogens« einleitet, in der die Menschen aller Hautfarben, Rassen und Völker in Frieden und Harmonie auf der Erde zusammenleben und sich einer unumstößlichen Tatsache bewusst sind: »*Mitakuye oyasin*, wir alle sind Brüder!«

STIMMEN AUS DER GALAXIS

In einem Passus des Alten Testaments erzählt der Prophet Ezechiel, er hätte einen Feuerwagen gesehen, der von unzähligen Augen umgeben war, aus dessen Mitte ein von Engeln umringter Thron ragte. Hätte Ezechiel heute gelebt, würde er womöglich behaupten, ein UFO gesehen zu haben. Zeugnisse übernatürlicher Visionen waren immer schon Teil der Geschichte, und oft konnte man beobachten, wie sie sich in Zeiten sozialer, wirtschaftlicher oder politischer Spannung häuften, als wollten sie dem kollektiven Verlangen nach Intervention oder Hilfe von außen oder auch einer gemeinsamen Bedrohung, gegenüber der alle internen Konflikte bedeutungslos geworden wären, sichtbaren Ausdruck geben. In den Medien werden solche Berichte heutzutage oft verharmlost oder als Hysterie abgetan, aber die unerklärlichen Sichtungen von Flugkörpern höchster Technologie, die den Himmel entlangziehen, und die Erfahrungen der sogenannten Kontaktisten, die behaupten, direkte Begegnungen mit Außerirdischen gehabt zu haben oder mit ihnen in Verbindung zu stehen, reißen nicht ab, im Gegenteil, sie häufen sich zusehends. Ob sie nun authentisch sind oder nicht, alle so gearteten Botschaften scheinen ein einziges Ziel zu haben, die Menschheit zu »erleuchten« und sie vor den Gefahren zu warnen, die daraus resultieren, dass der Mensch sein wahres Wesen nicht kennt. Das Bild von der Zukunft, das sich aus der Auslegung der bekanntesten dieser Nachrichten ergibt, unterscheidet sich nicht wesentlich von dem anderer Arten der Prophezeiungen, es weist auf eine mögliche drohende Katastrophe hin, die der Mensch jedoch verhindern oder zumindest ihre Schäden begrenzen kann, wenn er zu einer neuen Bewusstseinsebene gelangt, die ihm ermöglichen wird, eine neue Welt aufzubauen.

BOTSCHAFT VON DEN STERNEN

»Der Moment des Erwachens ist gekommen«

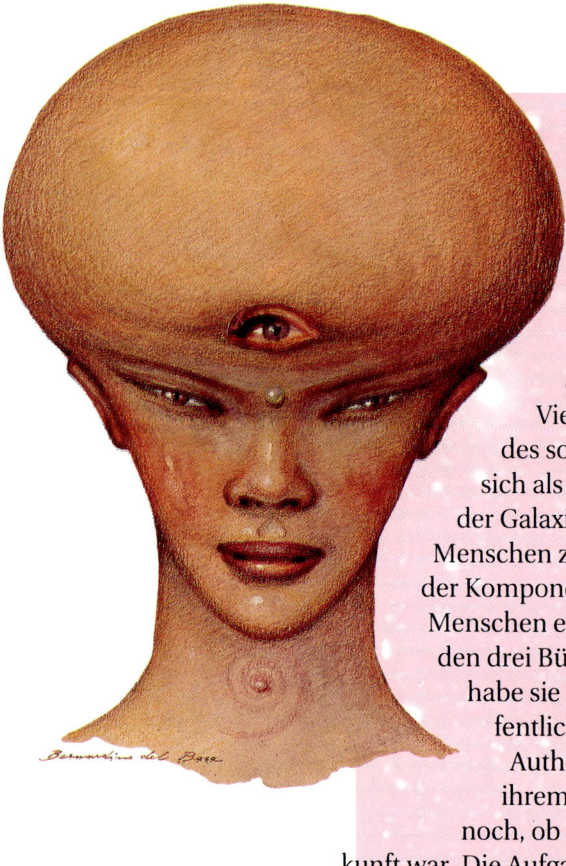

Ich komme aus der Gegenwart, wo keine Zeit existiert, nur die Ewigkeit die jetzt ist.« Mit diesen Worten begann eine lange Botschaft, die Ken Carey, ein amerikanischer Schriftsteller, zwischen dem 27. Dezember 1978 und dem 6. Januar 1979 empfing. Die Nachricht wurde auf ungewöhnliche Weise übertragen, sie zwang sich ihm sozusagen auf und wollte niedergeschrieben werden. Vielleicht handelt es sich um ein Phänomen des sogenannten *Channelling*. Der Bote stellte sich als Gesandter der obersten Regierungsbehörde der Galaxis vor und kündigte an, dass er, wenn die Menschen zu ihrer wahren Natur erwachen, als eine der Komponenten des kollektiven Bewusstseins der Menschen erkannt würde. Aus diesem Kontakt entstanden drei Bücher, von denen der Autor selbst sagt, er habe sie nur zögerlich niedergeschrieben und veröffentlicht, denn er musste sich selbst erst von der Authentizität der Botschaft oder wenigstens von ihrem Wahrheitsgehalt überzeugen, er zweifelte noch, ob sie außerirdischer oder persönlicher Herkunft war. Die Aufgabe des »Sternenbotschafters«, wie er sich selbst bezeichnete, war es, die Erhöhung des Bewusstseins der Erdenmenschen zu fördern, uns Informationen über unsere wahre Natur zukommen zu lassen und uns zu zeigen, wie wir mit der Quelle einer höheren Schwingungsfrequenz in Kontakt treten können.

In unserem Leben, das wir ganz auf die materielle Realität aufbauen, haben wir verlernt, unser wahres Wesen und unsere Aufgabe auf der Erde zu erkennen. Nun ist es Zeit, aufzuwachen. Es beginnt die Ära des planetarischen Erwachens, die tausend Jahre dauern wird, und während der die Menschheit sich mit der Hilfe außerirdischer Energien zu einer höheren Bewusstseins- und Lebensebene aufschwingen, das ökologische Gleichgewicht wiederherstellen und eine Art des friedlichen und konstruktiven Zusammenlebens in Harmonie und im Einklang mit den höheren Werten finden wird. Der Mensch erkennt seine zwiespältige Natur als materielles und energetisches Wesen, und durch das Erwachen zur spirituellen Realität wird er den Status der Schönheit, Gesundheit und Harmonie mit all dem, was existiert, erreichen. »Ihr seid die Kinder des Lichts, ihr seid die Werkzeuge der Liebe Gottes zu seiner Schöpfung«, versichert der Sternenbotschafter, »erkennt daher eure wahre Bedeutung, nicht als egozentrische Individuen, sondern als fundamentale Komponenten der Struktur des Universums.«

In der gegenwärtigen Zeit soll es laut den Ausführungen des Sternenbotschafters mehrere Zentren geben, die gemeinsam am Erwecken der Menschheit arbeiten, und die sich immer weiter verbreiten, um immer mehr Individuen zum Erwachen zu führen.

DER WIEDERAUFBAU DER KULTUR

Das Universum, eine Konstellation aus unendlich vielen Lebewesen

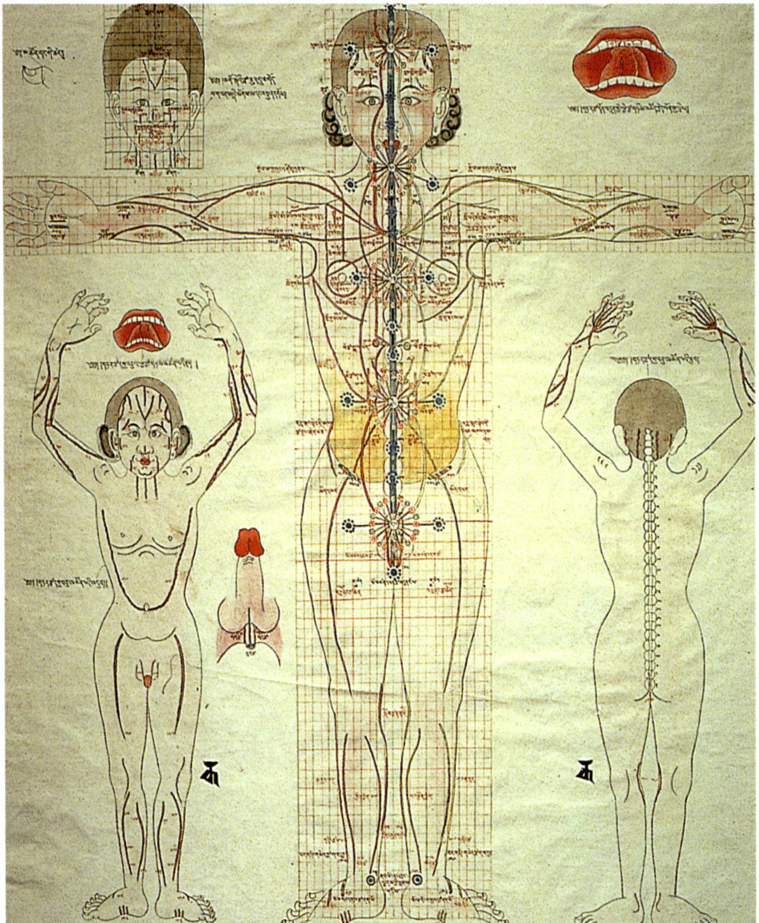

In einer der jüngsten Botschaften aus den Tiefen der Galaxis, die 1995 von einem Medium in Mailand empfangen wurde, spricht Alien, Kapitän einer Raumschiffflotte vom Planeten »Zeus 30«, zu uns. Seine Mission lautet, mit uns in Kontakt zu treten, um uns darauf vorzubereiten, einer großen Katastrophe zu begegnen, die über den Planeten hereinbrechen und ihn durch ein schwarzes Loch in ein Paralleluniversum ziehen wird. Ein Stern wird ins Gravitationssystem der Sonne eintreten, sein Gleichgewicht durcheinanderbringen und Naturkatastrophen auf dem gesamten Planeten verursachen. Alien möchte mit seiner

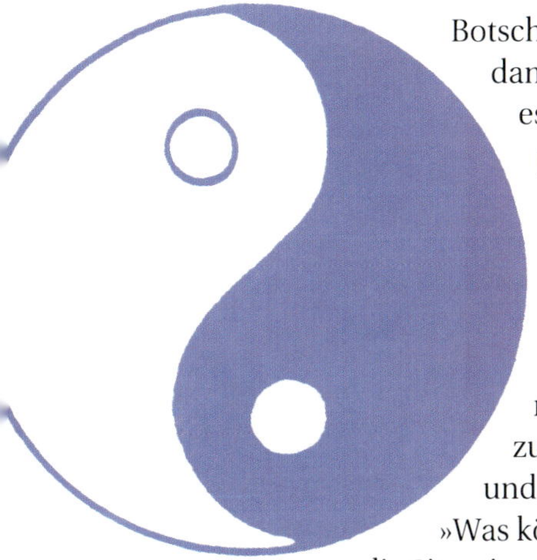

Botschaft die Geister der Erdenmenschen retten, damit sie nicht gänzlich ausgelöscht werden, wie es den Vorfahren der Bewohner von »Zeus 30« passiert ist - das könnte ohne Weiteres auch der dramaturgische Höhepunkt eines Sciencefiction-Romans sein!

Die Außerirdischen erklären sich bereit, jene zu erziehen und vorzubereiten, die willens und fähig sind, die Überlebenden zu einem Wiederaufbau ihrer Kultur zu führen, sie zu lehren, wie sie der Katastrophe begegnen und die erlittenen Schäden minimieren können.

»Was können wir auf unserer kleinen Welt tun, um die Situation zu verbessern und mit euch zusammenzuarbeiten?«, wurde Alien bei einer Reihe aufeinanderfolgender Kontakte gefragt. »Ihr müsst begreifen, was universelle Liebe ist«, antwortete er. »Ihr alle sprecht von der universellen Liebe, habt aber noch nicht begriffen, was das Universum ist. Es ist nicht eure rotierende Weltkugel. Es ist eine immense Konstellation von Lebewesen.«

Wieder einmal ist die Erkenntnis des tieferen Wesens der Realität der Schlüssel zur Zukunft, der Mensch muss lernen, zu akzeptieren, dass seine Identität nicht nur mit seinem materiellen Körper, sondern mit etwas viel Tieferem verbunden ist. Er muss lernen, zu meditieren, sich nicht vom Körper diktieren zu lassen, keinen Schmerz zu fühlen, sich selbst zu heilen und ein bislang noch wenig bekanntes Potenzial auszuschöpfen. Eine immer größere Zahl von Personen wird diese Kenntnisse erwerben müssen, um der Menschheit damit helfen zu können, wenn der Moment gekommen ist, da sie diese Hilfe braucht.

DIE BOTSCHAFT DES KOMETEN HALE-BOPP

Kehren die Brüder aus dem Weltraum zurück?

Im Frühling des Jahres 1997 konnte man mehr als zwei Monate lang auf beiden Hemisphären mit bloßem Auge den Kometen Hale-Bopp sehen, der am 23. Juli 1995 von zwei Hobbyastronomen entdeckt worden war. Dieses großartige Schauspiel ließ alte Ängste und Prophezeiungen wiederaufleben und rief Legenden, Visionen und allerlei Aberglauben wach, denenzufolge der Komet ein lange gefürchtetes oder erwartetes Zeichen für das Ende der Welt, den Anfang eines neuen Zeitalters oder die Rückkehr von Raumschiffen von den Plejaden war.

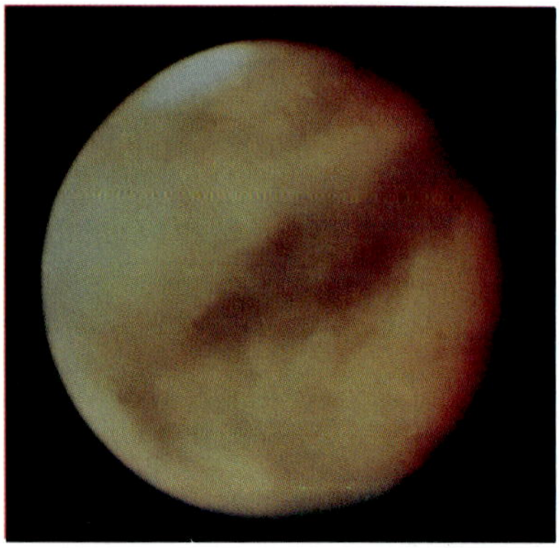

In früheren Zeiten verband man das Erscheinen von Kometen mit großem Unglück und bevorstehenden Naturkatastrophen: Die Bürgerkriege, die das alte Rom zu Zeiten des Triumvirats heimsuchten, wurden beispielsweise von Vergil mit dem Kometen in Verbindung gebracht, der damals am Himmel zu sehen war. Es ist also nicht verwunderlich, dass auch in unserer Zeit das Auftauchen eines so großen Kometen kurz vor der schicksalhaften Jahrtausendwende von manchen Menschen mit Argwohn betrachtet wurde. Andere wiederum begrüßten ihn voller Enthusiasmus: Für die Lakota konnte der Komet der mythische blaue Stern sein, der die geistige Wiedergeburt der Menschheit ankündigt; manche religiöse Gruppen hielten ihn für ein christliches Symbol, das auf die Rückkehr Christi hindeutet; für andere war er der Bote des zwölften Planeten, der nach tausenden von Jahren in diesen Teil des Universums zurückkehrt; wieder andere sahen ihn als Vorboten eines Raumschiffs, von dem sie behaupteten, dass sie es in seinem leuchtenden Schweif gesehen hatten.

Das Erwarten von Gesandten aus dem Weltraum, die wenige Auserwählte

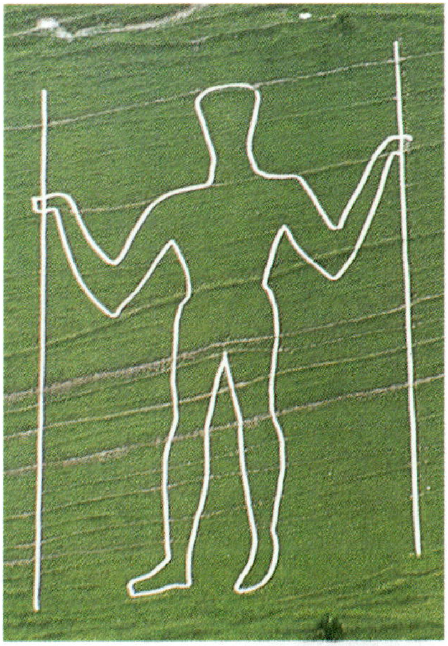

in eine andere Dimension mitnehmen sollten, erreichte zum Teil verrückte Ausmaße, die unter anderem die Gruppe *Heaven's Gate* im März 1997 in Kalifornien zu einem Massenselbstmord veranlassten, der ihnen den Zutritt in das mythische Raumschiff ermöglichen sollte.

In zahlreichen Publikationen, die hauptsächlich in den Vereinigten Staaten stark verbreitet sind, wird immer wieder auf Brüder aus dem Weltraum hingewiesen, deren Rückkehr erwartet wird. Durch die Sammlung und Analyse von angeblich telepathischen Botschaften und Kontakten mit anderen intelligenten Wesen, die auf der ganzen Welt zusammengetragen wurden, ist es möglich, eine Geschichte nachzuzeichnen, die von Außerirdischen berichtet, die vor 227.000 Jahren von den Plejaden kamen und die Erde, den Mars und Milona besiedelten. Milona wurde in einem Krieg vollständig zerstört und die gewaltige Explosion brachte den Mars aus seiner Umlaufbahn, wobei alles Leben auf ihm zugrunde ging. Heute sollen es die Bewohner der Plejaden sein, die während ihrer Mission auf der Erde mit einigen von uns telepathisch Kontakt aufnehmen, um die wahre Geschichte zu enthüllen und uns so zu helfen, den tatsächlichen Sinn des Lebens zu erkennen, ohne jedoch auf unseren freien Willen einzuwirken. Jene Menschen sollen helfen, auf der Erde jene tragischen Fehler zu vermeiden, die in der Vergangenheit anderswo gemacht wurden.

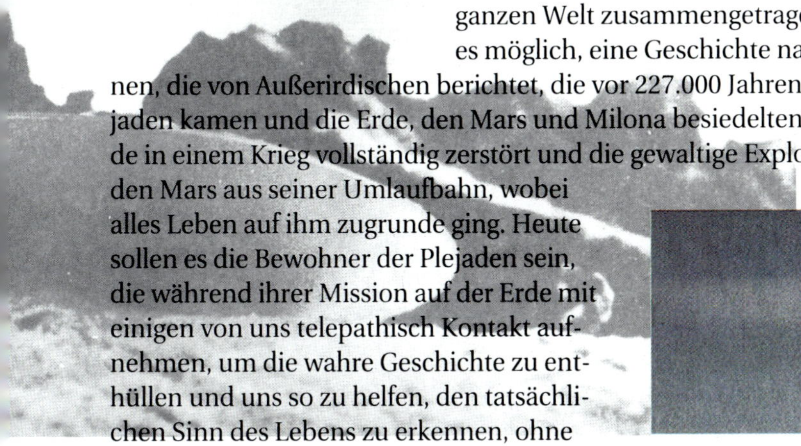

Die Hypothese, dass das Leben auf der Erde in Wirklichkeit von anderen Orten im Weltraum herrührt, ist weniger Sciencefiction als man denkt. So könnte es sein, dass die Kometen in Wahrheit Lebensspender sind, da man in ihrer Zusammensetzung auch organische Moleküle gefunden hat. Hale-Bopp, der nahe an der Erde vorbeizuziehen pflegt, könnte auch einer unserer Vorväter sein, der uns die Botschaft des Lebens schickt, damit seine Kreaturen geschützt werden.

DIE RETTUNG DER ERDE VOR DEM WELTKRIEG

»Der Planet, auf dem ihr lebt, ist schwer krank«

Wie ein roter Faden zieht sich ein Thema durch die verschiedenen vermeintlichen Botschaften von Außerirdischen. Alle scheinen von Zivilisationen oder uns überlegenen Wesen zu stammen, die auf die eine oder andere Weise die Menschheit schützen oder in eine bessere Zukunft leiten wollen.

Eine der derzeit bekanntesten Kontaktpersonen in Italien, Eugenio Siragusa, behauptet, dass er von Himmelsmächten die Aufgabe übertragen bekam, Botschaften zu verbreiten, die den Menschen dazu auffordern, verantwortungsvoller zu handeln und die »Wissenschaft mit Gewissen« zu nutzen. Um ihn entstand eine Bewegung, die jene Hypothesen keinesfalls für Sciencefiction hält. Vielmehr wird daran gearbeitet, allen Menschen dieser Welt, insbesondere den Verantwortlichen in Politik, Wissenschaft, Religion und Verteidigung diesbezügliche Botschaften zukommen zu lassen.

Auf diese Weise hofft man den Verfall und die Selbstzerstörung der Menschheit und den Zerfall des Planeten Erde als Folge unvernünftiger Handhabung der Technologie und der derzeit bekannten Energieformen - nicht zuletzt der Kernenergie - aufzuhalten. In einer Botschaft vom Februar 1993 gibt Siragusa Folgendes weiter: »Es ist Zeit, die Wahrheit über unsere Anwesenheit auf eurem Planeten zu enthüllen. Es ist höchste Zeit, dass ihr Kenntnis nehmt von

unserer Mission, damit ihr endlich begreift, was geschehen wird, wenn ihr auf dem derzeitigen Weg der Selbstzerstörung weitergeht. Der Planet, auf dem ihr lebt, ist schwer krank, und schuld sind euer Mangel an Liebe und die negativen Energien, die ihr so zahlreich einsetzt.«

Die Besorgnis, die Anteilnahme und die Präsenz von außerirdischen Wesen, die sich für die Gesundheit der Erde einsetzen, scheint auch durch die »Gespräche« mit einem anderen berühmten Außerirdischen bezeugt zu sein, Ashtar Sheran, der in den Jahren zwischen 1957 und 1962 und noch einmal im Jahre 1990 durch das Medium einer Gruppe aus Berlin sprach. Ashtar Sheran, der aus dem System des Alpha Centauri stammt, bezeichnet sich selbst als Diener des universellen Geistes. Seine Mission ist es, den Ausbruch eines Dritten Weltkrieges zu verhindern, da »Gott es nicht will, dass die Menschheit durch Radioaktivität zerstört wird«. Die Experimente auf atomarer Ebene bedeuten nicht nur für unseren Planeten, sondern für das gesamte Universum ein Risiko, und aus diesem Grund wurden »Agenten des Universums« mit der Aufgabe betraut, die Erde dabei zu unterstützen, diese Situation mit all ihren Risiken positiv zu bewältigen.

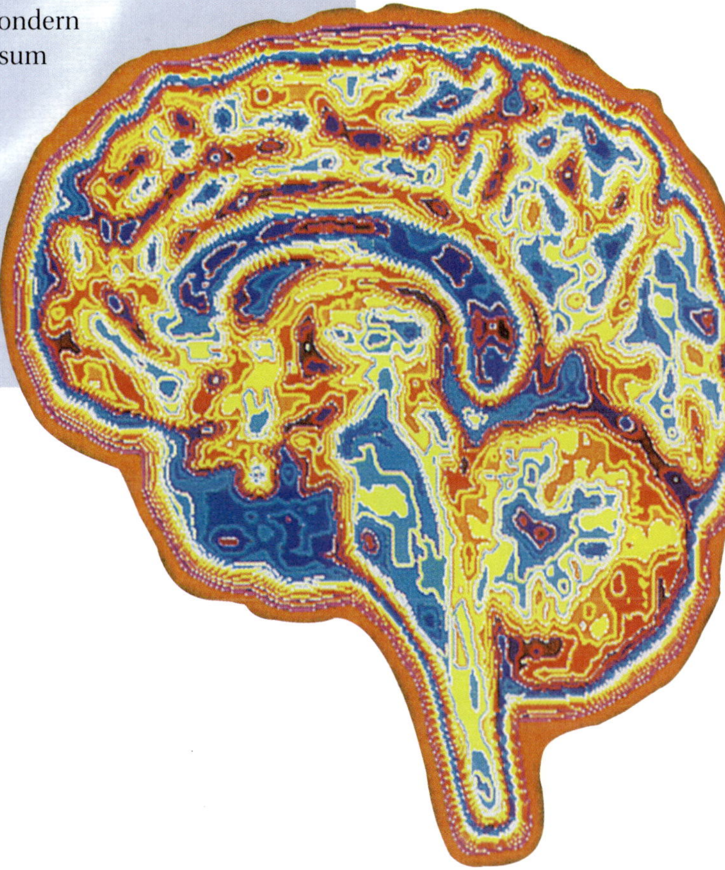

AUSSERIRDISCHE IN FATIMA

»Nur ein Gott, doch viele Botschafter«

Am 13. Oktober 1917 beobachteten und fotografierten mehr als fünfzigtausend Menschen ein Phänomen, das später das »Sonnenwunder« genannt wurde. Sie alle befanden sich in der Nähe jener Eiche, bei der eine »wunderschöne Frau, leuchtend wie die Sonne« drei portugiesischen Kindern erschienen war. Plötzlich hörte der Regen auf, die Sonne kam hervor und begann sich wie ein Feuerrad um ihre eigene Achse zu drehen. Dabei sprühten Funken und goldene Reflexe. Dann machte die Sonne Zickzackbewegungen und kehrte schließlich an ihren Platz zurück. Dieses einzigartige Phänomen wurde auch noch in einer Entfernung von über hundert Kilometern wahrgenommen.

Zwei italienische Wissenschafter ließen sich davon nicht beeindrucken. Vielmehr unternahmen sie Forschungen, um die Vorkommnisse zu entmystifizieren. Sie zeigten, wie leicht einen das menschliche Auge täuschen kann, wenn es zuvor einige Minuten lang starr auf die Sonne gerichtet wurde. Dasselbe geschieht auch mit den Objektiven von Kameras und Fotoapparaten, die verrückt spielen, wenn sie auf allzu helle Lichtquellen gerichtet werden. Die Analyse der Botschaften aus Fatima sowie anderer Marienerscheinungen

scheinungen führte zu dem Ergebnis, dass diese Art von Katholizismus einer mittelalterlichen Religion näher steht als dem gegenwärtigen Glauben, und die betreffenden Personen meist sehr junge oder sehr einfache Menschen sind, also über wenig kritischen Geist verfügen. Das Bild des erscheinenden Wesens ist immer klischeehaft und seine Sprache wirkt auf eigenartige Weise einschüchternd und bedrohlich. Aber wenn die Erfahrung keine authentische ist, wer oder was verbirgt sich dann hinter derartigen Erscheinungen? Die Hypothese der beiden Wissenschafter, es könnte sich dabei um Außerirdische handeln, ist überraschend. In der Tat wurde im Laufe des Jahrhunderts eine erstaunliche Synchronizität zwischen dem Erscheinen von nicht identifizierten Flugobjekten und von Marienerscheinungen festgestellt. Aber was ist die eigentliche Absicht hinter diesen Phänomenen, und was sind die Folgen einer möglichen Vergöttlichung dieser Wesen, deren Ursprung bisher noch nicht bekannt ist?

Diese These wird nicht nur von jenen vertreten, die das Phänomen der Erscheinung von Fatima relativieren, sondern auch von jenen, die, ganz im Gegenteil, dessen Bedeutung und Dringlichkeit hervorheben wollen. Dies ist bei Giorgio Bongiovanni der Fall, bei dem sich am 2. September 1989 in Fatima die Wundmale Christi zeigten, und dem die Muttergottes in einer Vision erschien, in der ihm die berühmte dritte Botschaft mitgeteilt wurde, zusammen mit der Aufforderung, diese zu verbreiten. Der Ursprung jener Botschaft ist für Bongiovanni, dessen geistiger Vater der vorher genannte Eugenio Siragusa ist, klar: Es handelt sich um außerirdische intelligente Wesen, die uns vor den möglichen Folgen unserer Schandtaten schützen wollen. Die Tatsache, gläubiger Katholik zu sein, steht in keinerlei Widerspruch zu den UFO-Theorien: »Die Menschheit hat von Mal zu Mal jene Art von Religion und jene Art von Lehrmeistern erhalten, die sie zum gegebenen Zeitpunkt verstehen und denen sie folgen konnte; aber es gibt nur einen Gott, auch wenn er viele Botschafter hat.«

DAS GOLDENE ZEITALTER

Gott schuf die Welt in sechs Tagen und ruhte sich am siebten aus. Deshalb beginnt gemäß der Millennarismustheorie, die jeden Tag der Schöpfung symbolisch mit tausend Jahren des Lebens auf der Erde gleichsetzt, nach dem 31. Dezember 1999 das siebte Jahrtausend, ein Zeitalter des Friedens und der Harmonie nach den sechs Jahrtausenden der Geschichte der Zivilisation. Die Anhänger jener Theorie sind nicht die einzigen, die für die kommenden Jahre optimistische Voraussagen treffen, der Beginn einer neuen Ära wurde in der Vergangenheit und der Gegenwart vielmehr von verschiedenen Seiten angekündigt, und viele scheinen darin übereinzustimmen, dass der entscheidende Zeitpunkt nicht mehr fern ist.
Eine Botschaft, die das Medium Chistiane Zimmer von einem Wesen empfing, das sich ihr mit dem Namen Emmanuel vorstellte, berichtet in aller Deutlichkeit von den besten Aussichten im Zusammenhang mit dem neuen Jahrtausend: »Das Zeitalter des Wassermanns wird eine Epoche sein, die der persönlichen Erleuchtung dient. Das Wasser ist das Symbol für Reinheit, für Erneuerung, für Neugeburt. Ihr alle wisst, dass ihr gerade Veränderungen von epochalem Außmaß erlebt und auf dem Weg in ein neues Zeitalter, in ein neues kosmisches Jahr seid. Dies bedeutet, dass die alten Werte zerstört oder in ein bestimmtes Licht gesetzt werden, sodass sich neue Werte festsetzen können.« Die persönliche Veränderung als Vorspiel einer epochalen Transformation ist der Grundpfeiler, um den sich einige der wichtigsten Prophezeiungen hinsichtlich des neuen Zeitalters bewegen.

NACH DER APOKALYPSE

Der Beginn eines neuen Zeitalters

Vergessen sind die früheren Nöte, sie sind meinen Augen entschwunden. Denn schon erschaffe ich einen neuen Himmel und eine neue Erde. Man wird nicht mehr an das Frühere denken, es kommt niemand mehr in den Sinn. Nein, ihr sollt euch ohne Ende freuen und jubeln über das, was ich erschaffe: Denn ich mache aus Jerusalem Jubel und aus seinen Einwohnern Freude« (*Jesaja*, 65,16-18). Auch die fürchterlichsten Passagen aus dem Alten Testament enden mit der Prophezeiung der Geburt eines neuen Zeitalters: »Dann schmieden sie Pflugscharen aus ihren Schwertern und Winzermesser aus ihren Lanzen. Man zieht nicht mehr das Schwert, Volk gegen Volk, und übt nicht mehr für den Krieg« (*Jesaja* 2, 4) und das großartige Ereignis wird freudig gefeiert werden: »Der Herr der Heere wird auf diesem Berg für alle Völker ein Festmahl geben mit den feinsten Speisen, ein Gelage mit erlesenen Weinen. Er zerreißt auf diesem Berg die Hülle, die alle Nationen verhüllt, und die Decke, die alle Völker bedeckt« (*Jesaja* 25, 6-7).

Die Ereignisse in der Vergangenheit waren hart und schwierig,

aber angesichts der Geburt einer neuen Welt scheint die Erinnerung daran zu verblassen:
»Wenn die Frau gebären soll, ist sie bekümmert, weil ihre Stunde da ist; aber wenn sie das Kind geboren hat, denkt sie nicht mehr an ihre Not über der Freude, dass ein Mensch zur Welt gekommen ist« (*Johannes* 16, 21).
Am Tage des Jüngsten Gerichts, wie er in den Evangelien beschrieben ist, wird die Menschheit in zwei Teile geteilt, den Teil, der bereit ist, in der neuen Welt zu leben, und jenen, der hinten geblieben ist, das heißt, der nicht fähig war, die notwendigen inneren Fähigkeiten zu entwickeln:
»Wenn der Menschensohn in seiner Herrlichkeit kommt und alle Engel mit ihm, dann wird er sich auf den Thron seiner Herrlichkeit setzen. Und alle Völker werden vor ihm zusammengerufen werden, und er wird sie voneinander scheiden, wie der Hirt die Schafe von den Böcken scheidet« (*Matthäus* 25, 31-32). In der *Apokalypse* (21,8) wird darauf hingewiesen, dass »die Feiglinge und Treulosen, die Befleckten, die Mörder und Unzüchtigen, die Zauberer, Götzendiener und alle Lügner - ihr Los wird der See von brennendem Schwefel sein«, während Gott den anderen »alle Tränen von ihren Augen abwischen wird: Der Tod wird nicht mehr sein, keine Trauer, keine Klage, keine Mühsal« (*Apokalypse* 21,4).

DAS ZEITALTER DES GEISTES

Die Herrschaft der Freien

Eine mystische Interpretation der *Apokalypse* von Gioacchino da Fiore aus dem 12. Jahrhundert deutet die berühmte Enthüllung des Johannes als notwendigen Vorgang der Reinigung im Hinblick auf das Näherkommen des Zeitalters des Geistes. Der Zisterziensermönch Gioacchino da Fiore, der Abt des Klosters von Corazza in Kalabrien, war ein äußerst weiser und inspirierter Gelehrter, der sogar von Richard Löwenherz vor dessen zweiten Kreuzzug aufgesucht und um Rat gefragt wurde. Man sagt, dass ihm zum Zwecke der Interpretation die *Prophezeiungen des Cyrillus* anvertraut worden waren, eines griechischen Karmelitermönches, der diese wiederum der Legende nach von einem Engel in eine Silbertafel eingraviert erhalten hatte. Diese Prophezeiungen fanden auf eine Art auch in den von Gioacchino hinterlassenen Voraussagen ihren Niederschlag.

Während einer Meditation in der Osternacht des Jahres 1183 kam ein starkes Licht über ihn, und mit einem Schlag war es ihm möglich, sogar die verborgensten Bedeutungen der Heiligen Schriften zu verstehen. Diese Erleuchtung führte ihn zur Entwicklung seiner Theorie der drei geistigen Epochen, die jeweils durch die unterschiedliche Qualität der Beziehung der Menschen zu ihrem Schöpfer gekennzeichnet sind. Die erste, das Zeitalter des Vaters, bezieht sich auf die Zeiten des Alten Testaments, auf die Herrschaft des Gesetzes; die zweite, das Zeitalter des Sohnes, geht auf das Neue Testament zurück und ist durch den Glauben gekennzeichnet; das dritte ist das Zeitalter des Heiligen Geistes, in dem sich, nach unvermeidlichen Rückschlägen, das Leben des Geistes etablieren wird, eine Zeit des Friedens und der Liebe. Gioacchino da Fiore hielt seine Zeit für das Ende der zweiten Epoche und sah die Korruption der Kirche als Zeichen, das eine Neuerung notwendig machte.

»Petrus wird vor Johannes verschwinden, denn die Herrschaft des Heiligen

Geistes wird die Herrschaft der Freien sein«, schrieb er in den *Weissagungen des Ewigen Evangeliums.* Und weiter: »Die hierarchische Kirche wird einer Kirche des Geistes weichen, wenn die Zeit dafür reif ist.« Obwohl er auch im Umfeld der Kirche eine sehr geliebte und geschätzte Persönlichkeit war, wurden seine Ideen nicht mehr akzeptiert, da sie in einer Zeit verbreitet wurden, in der die Kirche behauptete, die Herrschaft Christi auf Erden bereits verwirklicht zu haben. Zehn Jahre nach seinem Tod verurteilte Papst Innozenz III. auf dem Laterankonzil 1212 seine Theorien. Dies konnte ihre Verbreitung und ihren Niederschlag nicht aufhalten, wie unter anderem das lebhafte Bild von Gioacchino zeigt, das Dante in der *Göttlichen Komödie* von ihm zeichet. Nach Meinung einiger Kommentatoren des Werkes von Gioacchino da Fiore könnten sich seine Prophezeiungen auf die Zeit beziehen, auf die wir gerade zugehen, eine Epoche, in der Spiritualität nicht mehr an eine spezielle Religion gebunden sein wird, sondern Allgemeingut der gesamten Menschheit wird.

BOTSCHAFTEN DER HOFFNUNG

»Im Jahre 2015 wird die Welt in Frieden leben«

Es mag tröstlich sein, dass auch der bekannteste Wahrsager aller Zeiten, jener, an den man als Erstes denkt, wenn man über Zukunftsprognosen spricht, von einer Epoche des Friedens und des geistigen Wiedererwachens berichtet. Nostradamus drückt das auf die für ihn so typische hermetische Art aus: »Das göttliche Wort wird der Substanz, die Himmel und Erde umfasst, das verborgene Gold in der mystischen Nahrung verleihen, Körper, Geist und Seele werden alle Macht haben, sowohl unter ihren Füßen als auch am Himmelsthron.« Ein Bewusstseinssprung, in dem uns die wahre Natur der Wirklichkeit und unsere wahre Natur enthüllt werden? Vielleicht ja. Und dann wird endlich Frieden herrschen: »Die menschliche Herrschaft von engelsgleichem Geschlecht wird ihrem Reich Frieden und Einheit verleihen.«

Sai Baba, ein geistiger Lehrer mit Millionen von Anhängern auf der ganzen Welt, hat ein sehr genaues Datum angegeben. Seiner Meinung nach wird »im Jahre 2015 die Welt in Frieden leben«; aber er sagt auch, dass diese neue Ära nicht vom Himmel fallen wird: »Der heutige Mensch lebt am Beginn einer neuen Zeitspanne, und er selbst bestimmt die Zeit des Überganges durch seine Handlungen und seine Gedanken.«

»Diese euere Zeit ist die beste Zeit, um zu leben, denn es ist der Beginn einer neuen Ära, die größer und tiefer ist als es jemals eine Zeit für irgendein Individuum in der Vergangenheit war.« Diese tröstliche Botschaft stammt von einem Wesen, das sich Lazaris nennt und in den Vereinigten Staaten sehr bekannt ist. Seine Botschaften werden von dem Medium Jack Pursel interpretiert und stehen im Einklang mit zahlreichen anderen Aussagen verschiedener Quellen, deren Ziel es ist, das Bewusstsein und die individuelle Verantwortung wiederzuerwecken.

Das Schlüsselwort in der Annäherung an diese neue Epoche ist fast immer nur ein einziges: Liebe. Wir können dann behaupten, in diese Zeit getreten

zu sein, wenn, mit den Worten einer Botschaft, die *Ifor*, eine Gruppe von Spiritisten aus Genua, 1982 empfangen hat, »die Mutter nicht mehr nur Mutter ihrer Kinder ist, sondern alle Kinder der Welt ihre sein werden, ohne dass in ihrem Herzen ein erstes und ein zweites existiert. Wenn nicht mehr die Art des Blutes bestimmt, wer Bruder oder Schwester ist, sondern die Brüderlichkeit jeden anderen Menschen auch jenseits der Blutsverwandtschaft, der Familie, des Vaterlandes, der Rasse, der Religion und der Ideologie einschließt, das heißt jenseits der persönlichen Vorteile«.

DIE MEISTER VON SHAMBALA

»Die Morgenröte eines neuen Tages erhebt sich über der Erde«

Nicht nur die Hoffnung, auch die Vision eines neuen Zeitalters ist in der Theosophie und bei allen Autoren, die direkt oder indirekt von ihr beeinflusst wurden, sehr lebendig. Die Lehren, die ihre Gründerin Helena Petrovna Blavatsky inspiriert haben, kommen von Meistern, deren Präsenz in den Sphären des mythischen Reiches von Shambala angesiedelt ist. Dieses Shambala wurde lange in den Ausläufern des Himalaja vermutet, es wird aber heute in esoterischen Kreisen als Reich außerhalb von Raum und Zeit gesehen, als Teil einer anderen Dimension.

Alice Bailey interpretierte hauptsächlich Meister Dywal Khul, der als der »Tibeter« bekannt ist. Sie schrieb zu Beginn des 20. Jahrhunderts eine Reihe von Büchern, die detaillierte Anweisungen zur Schaffung einer neuen Zivilisation enthielten und Erziehung, neue Psychologie und die Probleme betrafen, welche die Menschheit in der Zukunft zu meistern hätte, nach dem Beginn einer neuen Ära, in der der geistigen Dimension mehr Sensibilität entgegengebracht würde. »Die Zeit ist nunmehr reif«, so lautet die wichtigste Botschaft, »und der Augenblick ist nicht fern, in dem wir zu höheren Zielen gerufen werden.« Diese Lehren basieren auf dem *Agni Yoga*, dem Yoga des Feuers, das auch »Wissenschaft des Herzens« genannt wird, da es nicht aus Körperübungen besteht, sondern seine Anwendung in den Worten, Gedanken und Handlungen des täglichen Lebens findet. Meister Morya, ein weiterer Meister von Shambala, drückt dies folgendermaßen aus: »Die Morgenröte eines neuen Tages erhebt sich über der Erde. Diese Stunde ist keine Strömung, sondern ein reißender Strudel. Jede persönliche Welt spiegelt den Himmel in Flammen wider für das Feuer, das die alten Formen verzehrt. Die Weisheit des Schöpfers ist die Prophezeiung für eine neue Welt. Indem er zerstört, schafft er. Können wir, die Zeugen, die dieses große Werk verstehen, uns für unglücklich halten?«

DIE TRANSFORMATION DES BEWUSSTSEINS

Reinigende Energieflüsse

In vielen von Medien empfangenen Äußerungen, die von Wesen stammen, die sich als Außerirdische vorstellen, geht es um Botschaften, die nicht nur auf die Notwendigkeit einer Bewusstseinsänderung unsererseits hinweisen, sondern auch auf die Bedeutung eines äußeren Geschehens, das diesen Prozess begünstigt. So erklärt ein außerirdisches Wesen, das den Namen Woodock trägt, es werde ein Phänomen der Energieumwandlung auftreten, das das gesamte Sonnensystem einschließt. Dies wird zu drastischen äußeren Veränderungen führen, aber auch eine tiefe innere Wandlung bewirken, zu der jedoch nicht alle bereit sind: »Beträchtliche Energieflüsse werden euren Planeten reinigen, damit auch die Trägerstrukturen seiner kosmischen Natur sich auf den positiven Frequenzen des schöpferischen Lichtes stabilisieren können. All jene, die nicht dazu bereit sind, jene höheren Konzepte zu akzeptieren, die die ›neue Welt‹ programmieren, werden unvermeidlich in der Situation sein, nicht zu überleben, da sie nicht in der Lage sind, die neue Dynamik des Lebens zu assimilieren.«

Eine ähnliche Nachricht wurde im *Ramala Center*

in Glastonbury von einem Geist, der sich zwischen 1970 und 1989 wiederholt zu Wort gemeldet hat, empfangen: »Es handelt sich weder um physische Veränderungen, noch um Mutationen der Erde. Vielmehr wird man einen Bewusstseinswandel wahrnehmen, die Geburt einer neuen Menschheit in einem neuen Körper und auf einer neuen Erde. Der Schlüssel, der das Tor zu dieser Geburt öffnet, ist das Bewusstsein! Erinnert euch an dieses lebenswichtige Prinzip, und es wird sich wahrlich ein neuer Himmel und eine neue Erde vor euren Augen auftun.« Diese Hypothese, die wie Sciencefiction klingt, wird bestärkt durch die Worte des Christus von Lörber, einer Stimme, die über vierundzwanzig Jahre hindurch einem österreichischen Musiklehrer Botschaften diktierte: »Das Reich Gottes, das ich nun unter den Menschen dieser Erde gründe, ist kein weltliches Reich, sondern ein göttliches, das sich im Menschen befindet. Das Reich Gottes befindet sich in euerem Innersten und besteht aus dem Geist der wahren Liebe zu Gott und zum Nächsten und in der Wahrheit des Seelenlebens.« Und auch in den Evangelien steht geschrieben: »Nicht jeder, der zu mir sagt: Herr! Herr!, wird in das Himmelreich kommen, sondern nur, wer den Willen meines Vaters im Himmel erfüllt« (*Matthäus* 7, 21).

DAS KOSMISCHE SPIEL

»Jedes menschliche Wesen ist Teil eines Ganzen, das sich Universum nennt«

Es fehlt eine neue Vision des Lebens und der Welt«, beobachtete der Philosoph Ugo Spirito in seinem Aufsatz *Was wird die Zukunft bringen*, aber »woher sollte sie kommen?«. Dies ist die Frage, die er sich selbst stellt. Unter den ganzen Theorien zu diesem Thema gibt es eine, die heute mehr als die anderen hervorsticht: »Es kann die Entdeckung einer anderen Logik sein, die in der Lage ist, unsere *forma mentis* zu verändern.« In der Entwicklung unserer Kultur gab es immer eine säuberliche Trennlinie zwischen den verschiedenen Forschungsgebieten, und eine Kluft zwischen denen im naturwissenschaftlichen und im humanistischen Bereich. Und doch ist es, auch wenn es eigenartig erscheint, gerade die Physik, die heute einige Schlüsselelemente dazu liefert, Hypothesen bezüglich einer neuen Auffassung über uns selbst und das Leben zu formulieren, die vielleicht eines Tages zu jener neuen Vision führen werden, die sich der Philosoph wünschte. Ausgehend von der berühmten Gleichung Einsteins: Materie = Energie, die schließlich auch empirisch bewiesen wurde, und ausgehend von der Geburt der Quantenphysik und den Fortschritten in der experimentellen Physik haben einige Physiker revolutionäre Theorien aufgestellt, was die wahre Natur der Realität und unsere Beziehung als menschliche Wesen in Bezug auf die Schöpfung betrifft. Teilchen und Wellen, Materie und Energie, physische und spirituelle Energie sind nicht mehr zwei entgegengesetzte verschiedene Wirklichkeiten, sondern die zwei äußersten Pole einer einzigen Realität, die rein energetischen Ursprungs ist, aber unseren Sinnen aufgrund bestimmter Schwingungsfrequenzen als feste Materie erscheint. Diese Entdeckung eröffnet eine neue Sichtweise des Menschen, da man nun in der Lage ist, alle Schattierungen der individuellen Natur, von den dichtesten bis zu den feinsten wahrzunehmen,

und alle zu berücksichtigen: Körper, Emotion, Geist und Verstand.
Mit den Worten Albert Einsteins nehmen wir das Präludium großer Veränderungen wahr, die er selbst vorausgesehen hat: »Jedes menschliche Wesen ist Teil eines Ganzen, das sich Universum nennt. Dieses Wesen nimmt seine Gedanken und seine Gefühle als etwas vom Rest Abgetrenntes wahr: eine Art von optischer Illusion des Bewusstseins. Eine Illusion, die zum Gefängnis wird. Unsere Aufgabe muss es sein, uns selbst aus diesem Gefängnis zu befreien, indem wir den Kreis unseres Wissens und unseres Verständnisses erweitern, bis wir dann alle lebenden Kreaturen und die gesamte Natur in ihrer Schönheit darin einschließen.« Fritjof Capra, ein amerikanischer Physiker, ist der erste Wissenschafter, der das Paradoxon der doppelten Natur des Menschen, der geistigen und der materiellen, in den Vordergrund rückt, indem er sie mit der östlichen Mystik in Zusammenhang bringt; Giuliana Conforto, eine italienische Physikerin, besinnt sich hingegen auf die Tradition des Hermetismus und auf die Philosophie von Giordano Bruno, um zu der gleichen Schlussfolgerung zu gelangen: »Wir kennen unsere wahre Natur nicht, die Teilungen, die wir in der Welt und in der Gesellschaft, in der wir leben, wahrnehmen, sind das Ergebnis einer inneren Spaltung, zwischen zwei Polaritäten, von denen eine sichtbar ist und eine nicht.«
Der Qualitätssprung, der zur Zeit von der Menschheit verlangt wird, beinhaltet diese Wiedervereinigung zwischen dem, was wir von uns kennen, und dem, was wir nicht kennen. Sein Ausgangspunkt ist eine Frage, die so alt ist wie der Mensch selbst: »Wer bin ich?«

DAS HOROSKOP DES NEUEN JAHRTAUSENDS

Das Eintreffen des Erfolges erst nach mehreren Anläufen

Das neue Jahrtausend wird, wie jedes Jahr, im Sternzeichen des Steinbocks geboren, einem Zeichen, das durch Vertrauen, Entscheidungsfreude und Geduld dazu beiträgt, mit Erfolg an Probleme heranzugehen und sie zu überwinden; der Aszendent Waage verleiht große Energie und ist am Erfolg orientiert. Wenn wir versuchen, das Horoskop des neuen Jahrtausends zu zeichnen, indem wir von der besonderen Anordnung aller Planeten ausgehen, die diesen Jahresbeginn im Vergleich zu allen anderen Jahren, die unter demselben Sternzeichen und Aszendenten »geboren« sind, einzigartig machen, entsteht ein Bild, das es wert ist, mit den vorher genannten Erwartungen verglichen zu werden.
Der Mond im Skorpion verleiht die Fähigkeit, feste emotionale Bindungen mit der herrschenden Realität einzugehen, weiters eine gewaltige sexuelle Energie, die aber auch im Hinblick auf andere Ziele sublimiert werden kann und ein echtes Interesse gegenüber der menschlichen Natur und ihrer Bewertung. Merkur im Steinbock veranlasst die Anwendung von Kenntnissen und Ideen, die Verwirklichung von praktischen Zielen und von Aktivitäten organisatorischer Art. Venus im Schützen unterstreicht soziale Anlagen und eine gewisse Grundehrlichkeit, und Mars im Wassermann erleichtert die Kommunikation und begünstigt die Aktivität in der Gruppe. Jupiter im Widder bringt das nötige Vertrauen, um die eigenen Träume zu verwirklichen, und Saturn im Stier zeigt, wie wichtig Anerkennung und Wertschätzung sind, um den eigenen Weg fortzusetzen. Uranus im Wassermann ist der Beschützer der Emanzipation und der Unabhängigkeit, er trägt dazu bei, dass die Zwänge und Einschränkungen der Tradition überwunden werden: »Die Individuen und Institutionen, die sich den neuen Zeiten nicht anpassen, werden ausgeschieden werden«, sagt das Horoskop mit aller Deutlichkeit! Neptun im Wassermann verstärkt die Ablehnung von Konventionen, und mit Venus begünstigt er die kollektive spi-

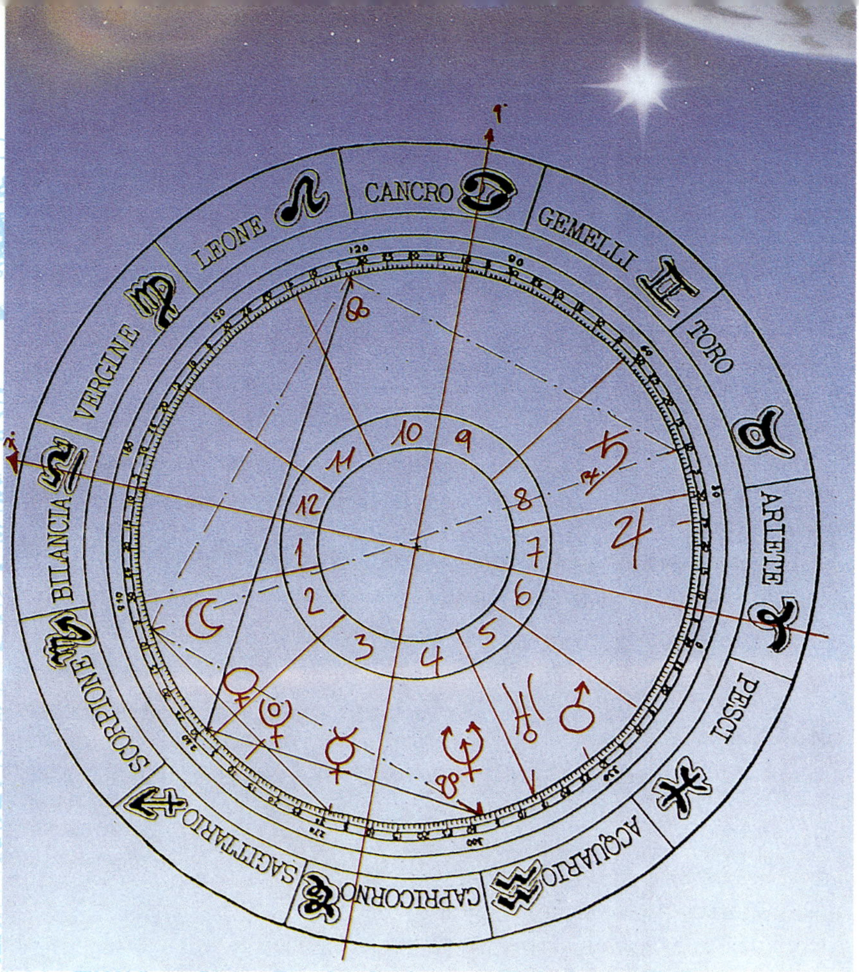

rituelle Entwicklung, während Pluto im Schützen den Fortschritt auf dem Gebiet der Wissenschaft und der Kommunikation erleichtert.
Weitere Charakterzüge, die aus einer tiefgehenderen Analyse der Planetenkonstellation hervorgehen, deuten die Möglichkeit von Verlusten an, was das Haus oder die Umgebung, in der man lebt, betrifft, das Eintreffen von Erfolg erst nach mehreren Anläufen, ein starkes soziales Bewusstsein mit großer Aufmerksamkeit gegenüber Minderheiten, größere Unabhängigkeit im Leben von Paaren und große Bereitschaft zum Lernen und zu kulturellem Austausch, auch im Bereich der Religion. Im neuen Jahrtausend ist die Reiselust groß, ebenso die Bereitschaft, Freundschaften zu schließen und sich sozialen Aktivitäten zu widmen, sei es auf beruflicher Ebene oder als Volontär, und an Arbeit wird es ganz gewiss nicht fehlen!

PLANETARISCHES ZEITALTER

Der frankoamerikanische Biologe René Dubois meinte, als er auf die Gefahren, die zur Jahrtausendwende über der Menschheit schweben, angesprochen wurde: »Jede Krise führt zu einer Bereicherung. Die Macht der Umstände zwingt den Menschen, neue Lösungen zu finden.« Dieses große Vertrauen in die Fähigkeiten des Menschen, neue Wege zu finden, um einer Welt gegenüberzutreten, die sich verändert, ist weiter verbreitet als man denkt. Die Meinung des internationalen Journalisten Robert Jungk, der jahrelang mit den bedeutendsten Persönlichkeiten auf allen Gebieten der Kultur in Kontakt stand, kann gewissermaßen als Prophezeiung eines Laien angesehen werden: In ihr ist vom Abstoßen von Werten die Rede, die für die aufstrebende Gesellschaft nicht mehr relevant sind: Dazu zählen Egoismus, Nationalismus, Stolz, Ehrgeiz, wirtschaftlicher Wohlstand, Privateigentum und blinder Fortschrittsglaube. Diese müssen nach und nach durch Werte ersetzt werden, die zur Schaffung einer Gesellschaft beitragen, die Zukunft hat: Dazu gehören Humanismus, Internationalismus, Respekt gegenüber dem Leben, Intelligenz, Kreativität, Gruppenbewusstsein, Wohlstand der Gemeinschaft, Verantwortung, gleichmäßige Verteilung der Ressourcen und, ein weiterer großartiger Wert, Schönheit.
Die Prophezeiung ist an der Schwelle des dritten Jahrtausends anders zu sehen und zu bewerten als die klassische Prophezeiung religiöser Prägung oder transzendentalen Ursprungs: Heute basieren die verschiedenen Stimmen der Soziologen, Philosophen und Futurologen auf Fakten, statistischen Untersuchungen und Computersimulationen, und sie alle haben dazu beigetragen, verschiedene Theorien bezüglich einer möglichen Zukunft zu formulieren.

DIE TELEMATISCHE APOKALYPSE

»Am 1. Januar 2000 werden die Computer streiken«

Ein Programmierungsfehler bei den meisten auf dem Markt befindlichen Computern, nämlich die Verwendung von nur zwei Zahlen, um das laufende Jahr anzugeben, wird das gesamte System der Informatik mit der Doppelnull des Jahres 2000 lahmlegen. Was vor einigen Jahrzehnten als Kleinigkeit betrachtet wurde, und dem Versuch diente, Speicherplatz zu sparen, indem man bei der Jahreszahl nur die letzten beiden Zahlen eingab, spitzt sich nun zu einem Risiko zu, das enorme Kosten verursacht: Man fürchtet Chaos bei Banken, Meldeämtern, Flughäfen, Krankenhäusern und Fabriken. Erst 1993 wurde von Peter de Jager, einem kanadischen Wissenschafter, mit einer drastischen Warnung Alarm geschlagen:

»Wenn die Computer nicht rechtzeitig korrigiert werden, werden sie am 1. Januar auf der ganzen Welt in Streik treten. Die Ampeln werden nicht mehr gehen, ebenso wenig die Lichter im Haus und die Radareinrichtungen auf den Flughäfen, die Wirtschaft wird stillstehen und in der Folge das Leben.«

Es klingt wie ein schlechter Scherz, und anfangs bagatellisierten auch die Medien dieses Phänomen. Aber als sich die ersten Anzeichen bemerkbar machten, wurde das Problem auf internationaler Ebene ernst genommen: So wurden Waren aus Supermärkten von den Geschäftscomputern wieder an ihre Erzeuger zurückgeschickt, da diese die Doppelnull des Ablaufdatums für das Jahr 1900 gehalten hatten, Anträge für Bankdarlehen wurden von noch nicht korrigierten Computern zurückgewiesen, da sie über das zweite Jahrtausend hinausreichten, Kreditbriefe, die über das Jahr 2000 hinaus gültig waren, wurden von elektronischen Systemen nicht akzeptiert. Ein ganzes Heer von Informatikern,

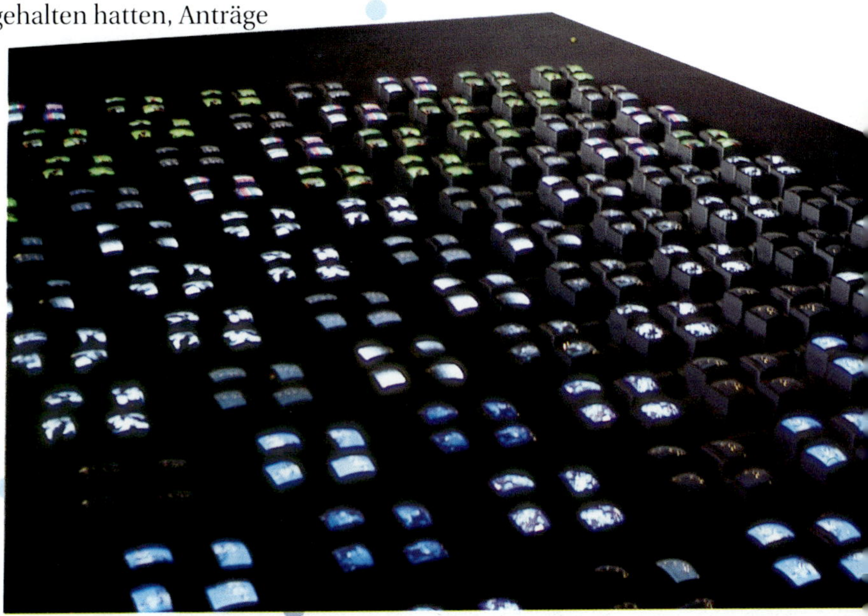

darunter sogar bereits pensionierte Programmierer, die helfen sollen, den Kampf gegen die Zeit zu gewinnen, hat alle Hände voll zu tun, um allein in den Vereinigten Staaten das Problem in den Griff zu bekommen. Auch in der Europäischen Union schätzt man, dass die Kosten der Operation ins Unermessliche steigen werden und der Prozess der Umstellung mit Sicherheit nicht vor dem besagten Datum abgeschlossen sein wird. Das Europäische Parlament in Straßburg mahnt in einer Aussendung zu Vorsicht: Am Neujahrstag des Jahres 2000 sollte man besser in keinen Aufzug steigen!

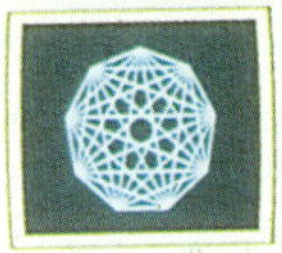

KRIEG ODER FRIEDEN?

»Alles Leben verdient Respekt«

Die gewaltige Explosion bei einem Bombenattentat auf die Botschaft von Nairobi im August 1998 wurde als »Geräusch des Weltuntergangs« bezeichnet und gemeinsam mit dem Anschlag von Daressalam von einigen Beobachtern als konkretes Anzeichen für ein bevorstehendes »Aufeinanderprallen der Zivilisationen« gesehen, wie es Professor Samuel Huntington von der Harvard-Universität in einer Theorie verlautbart hatte. Professor Bernhard Lewis von der Universität Princeton hingegen teilt diese Meinung nicht, da er nicht glaubt, dass verschiedene Zivilisationen heute in der Lage sind, einhellig Kriege zu führen oder Entscheidungen zu treffen. Er sieht vielmehr politische Interessen hinter jener neuen Art von Attentaten, die eine noch heimtückischere Gefahr für die Zukunft darstellen: einen Terrorismus, der im Zeitalter der Globalisierung seine Ziele nicht mehr aufgrund von strategischen Überlegungen auswählt, sondern unter dem Deckmantel der Medien und deren Verbreitung darauf abzielt, größtmögliches Echo zu finden. Aber im Zeitalter der Globalisierung sollte es auch möglich sein, Begegnungen und gegenseitiges Kennenlernen zwischen Kulturen und verschie-

denen Traditionen herbeizuführen, damit sich diese nicht länger als Fremde oder Feinde begegnen. Dies ist die Hoffnung des Schriftstellers Tahar Ben Jelloun, der sein Buch *Der Rassismus, wie ich ihn meiner Tochter erklärte* mit der Aufforderung beendet, in der individuellen und kulturellen Andersartigkeit eine großartige Gelegenheit für die Menschheit zu sehen, den eigenen Horizont zu bereichern und zu erweitern: »Jedes Gesicht ist Symbol des Lebens. Jedes Leben verdient Respekt. Niemand hat das Recht, einen anderen Menschen zu erniedrigen. Jeder hat das Recht auf seine eigene Würde. Indem man jemanden respektiert, ehrt man durch ihn das Leben selbst und alles, was es an Schönem, Wunderbarem, Andersartigem und Unerwartetem bietet. Andere mit Würde zu behandeln ist das Zeugnis dafür, dass man sich selbst respektiert.«

»Nur durch den Dialog der Zivilisationen wird ein planetarischer Plan zur Schaffung der Zukunft entstehen können«, schreibt der zeitgenössische Philosoph Roger Garaudy, der dazu beiträgt, Hoffnung zu säen, dass eine Alternative zum Krieg unter den Völkern möglich ist, und diese gerade in der radikalen Umkehr der Werte liegt, also den Menschen wieder in den Mittelpunkt stellt und die kulturellen Beiträge, nicht nur der westlichen Gesellschaft, sondern aller Völker wertschätzt. Außerdem sollte nicht nur der Wissenschaft und Technik, sondern auch der Ästhetik Platz eingeräumt werden, und nicht nur das Studium der Geschichte, sondern auch »die Kunst, sich die Zukunft vorzustellen«, sollte begünstigt werden.

UMWELTALARM

»Die Weltbevölkerung wird immer ärmer«

In zwanzig Jahren wird die Menschheit sowohl das Klima als auch die Erde, die unsere Nahrung liefert, auf irreparable Weise geschädigt haben.«
Dies ist die Zusammenfassung eines Berichts von *Greenpeace* aus dem Jahre 1994, in dem mit handfesten Zahlen gezeigt wird, wie die Emissionen der Industrie in den vergangenen hundertvierzig Jahren zur Erhöhung der Erdtemperatur um mehr als ein halbes Grad beigetragen haben. Diese für uns kaum wahrnehmbare Veränderung im thermischen Gleichgewicht des Planeten kann aber in Wirklichkeit katastrophale Auswirkungen mit sich bringen, wie sie schon von Propheten und Sehern in der Vergangenheit vorausgesehen wurden: Dazu zählen unregelmäßige Regenfälle, das heißt Dürre in einigen Gebieten und Überschwemmungen in anderen, das Aussterben einer immer größeren Zahl von Pflanzen- und Tierarten, das Abschmelzen der Gletscher und das Ansteigen des Meeresspiegels, das Hand in Hand mit der Sicherheit von 70 Prozent der Weltbevölkerung, die in flachen Küstengebieten lebt, geht.
Es ist noch nicht zu spät, um die Gefahr zu bannen. Als Folge verschiedener Berichte, die aus Forschungszentren aus aller Welt einlangten, wurde im Dezember 1997 in Kyoto eine Weltklimakonferenz abgehalten, in der sich die Regierungen aller Länder der Welt dazu verpflichteten, die Schadstoffemissionen bis 2012 um 5,2 Prozent im Vergleich zu den Werten des Jahres 1990 zu senken.
Dies ist wenig im Hinblick auf die 20 Prozent, die erforderlich wären, aber

es ist ein erstes Anzeichen dafür, dass auch die Politik gewillt ist, radikale Änderungen in der Entwicklung und der Verwendung der Energievorräte durchzuführen.
Der alarmierende Zustand der Umwelt ist keine Neuigkeit, bereits 1980 wurde im *Global 2000 Report*, einem offiziellen Bericht in drei Bänden, herausgegeben vom State Department der Vereinigten Staaten und dem Rat für Umweltqualität, in Beiträgen von hunderten der renommiertesten Spezialisten auf allen möglichen Gebieten der Umweltforschung darauf aufmerksam gemacht. Die Schlussfolgerung kann auch für die kommenden Jahre als gültige Warnung im Raum stehen bleiben: »Wenn die aktuellen Tendenzen so weitergehen, wird die Erde im nächsten Jahrtausend stärker bevölkert, stärker verseucht, wirtschaftlich weniger stabil und, was ihre Zerstörung betrifft, empfindlicher sein. Die großen Probleme im Hinblick auf die Bevölkerung, die Rohstoffe und die Umwelt nehmen sichtbar zu. Trotz einer höheren Produktion von materiellen Gütern wird die Weltbevölkerung in vielen Aspekten in der Zukunft ärmer sein als jetzt. Für hunderttausende der Ärmsten werden sich die Aussichten auf die Verfügbarkeit von Nahrung und andere Bedarfsgüter nicht verbessern. Für viele werden sie sogar schlechter werden. Wenn in der Technik nicht revolutionierende Fortschritte gemacht werden, wird das Leben für die meisten Menschen im nächsten Jahrtausend schwieriger, es sei denn, die Nationen der Welt unternehmen definitiv Schritte, um die gegenwärtige Entwicklung zu ändern.«

DIE RETTUNG DURCH DIE FANTASIE

»Die Realität nimmt Formen an, die den Umrissen unserer Gedanken folgen«

Wenn es gelingen würde, die Fantasiereserven, die in Millionen Menschen schlummern, zu wecken, so hätte die gefährdete Menschheit die Energien gefunden, die sie so dringend braucht, um zu überleben«, schreibt der Psychologe und Journalist Robert Jungk und zitiert das »universelle Recht auf Genialität« des Schweizer Philosophen und Dichters Adrien Turel und die Voraussage des englischen Historikers Arnold Toynbee: »Für jede Gesellschaft ist es eine Frage von Leben und Tod, genügend Möglichkeiten bereitzustellen, um die kreativen Fähigkeiten zu entwickeln.« Die Rettung des Planeten aus seiner Not, in die wir, wie es scheint, auch nach den »objektivsten« Berechnungen schlittern, könnte also nicht von einer abstrakten Himmelsmacht kommen, sondern aus dem Ideenreichtum des menschlichen Geistes, der in der Lage ist, alle maßgeblichen Faktoren miteinzubeziehen und auf immer neue und unvorhersehbare Weise zu interagieren.

Neue Ideen, geniale Ideen sind nicht das Vorrecht einiger hochbegabter Individuen, sondern sind in jedem einzelnen menschlichen Wesen verborgen, werden aber meist zu wenig geschätzt oder entwickelt. Die Psychologie der Gegenwart widmet der Qualität der Gedanken und Überzeugungen von Menschen immer mehr Aufmerksamkeit, und erkennt an, dass diese der Beweggrund sind, der die Qualität der Handlungen und somit auch die Lebensqualität jedes einzelnen Wesens und der ganzen Gesellschaft bestimmt. Dies ist gewissermaßen die Basis für tiefergehende Untersuchungen an der Natur der menschlichen Psyche und der großen, oft nicht genutzten Freiheit jedes einzelnen Menschen, der Welt, zu der er gehört, eine bestimmte Form zu geben.

So gesehen wird die Art und Weise, wie die Zukunft aussieht, stark von unserer Entscheidung sowohl als Einzelwesen als auch als Gesellschaft abhängen. Ausgehend von diesem neuen Erscheinungsbild des Menschen, der aus seinem Schatten tritt, ist auch auf dessen freien Willen hinzuweisen, der es ihm erleichtert, in den verschiedensten Prophezeiungen schlicht und einfach die Aufforderung zu sehen, Problemen und Schwierigkeiten rechtzeitig entgegenzutreten.

EINE WELT NACH DEN BEDÜRFNISSEN

Die Wirtschaft im Dienste des Wohlstandes der Menschheit und der Natur

Die Erde erzeugt genug, um die Bedürfnisse eines jeden zu stillen, aber nicht, um die Gier eines jeden zu befriedigen«, sagte Gandhi, und fasste so in einem Satz das zusammen, was möglicherweise für die Menschheit die größte Bedrohung darstellt und seinen Ursprung im materialistischen Lebensstil und der absolut unmenschlichen Logik des Marktes hat. Beide Faktoren sind so mächtig, dass sie Milliarden von Existenzen und selbst den Zustand unseres Planeten radikal beeinflussen. »Klein ist schön«, ist die Antwort Ernst F. Shumachers, eines englischen Wirtschaftswissenschafters, der zusammen mit vielen anderen auf die Notwendigkeit hinweist, das gegenwärtige Produktionssystem neu zu überdenken und umzugestalten, unter Berücksichtigung der elementarsten Normen des Gleichgewichts der Umwelt, unter Respektierung der Beschäftigung und Kreativität des Menschen und unter Abschaffung der unpersönlichen Gesetze des

Marktes. Dies kann vor sich gehen, indem man eine sogenannte »weiche Technologie« und eine gesunde Energieproduktion entwickelt, aber auch indem man Werte neu überdenkt, einen einfacheren Lebensstil führt und in einer ganz neuen Gedankenwelt lebt, in der der Mensch im Zentrum der Aufmerksamkeit steht und die Wirtschaft so geführt wird, »als ob der Mensch von Bedeutung wäre«.
Die Aufforderung, sich neu zu engagieren und aktiv teilzunehmen geht deutlich aus der philosophischen Entwicklung einer neuen Wissenschaftstheorie hervor, die auch außerhalb des Umweltschutzes immer mehr Verbreitung findet. Ausgehend von einer Studie über die Dynamik der chemischen und physikalischen Prozesse, die seit Millionen von Jahren auf unserem Planeten im Gange sind, hat der englische Wissenschafter Jim Lovelock eine Anomalie in deren Entwicklung festgestellt, im Vergleich zu der linearen und konstanten Entwicklung, wie man sie außerhalb des Sonnensystems, wo es kein Anzeichen für Leben gibt, beobachten kann. Der Planet Erde verhält sich wie ein riesiger Organismus, der die Fähigkeit hat, sich auf eine Weise selbst zu regulieren, dass immer optimale Lebensvoraussetzungen herrschen. So wurde die Theorie des *Gaia-Prinzips* geboren, die von einer rein wissenschaftlichen Basis ausgehend auch die Tatsache berücksichtigt, dass die Erde eine lebendige Realität ist, deren Nervensystem vielleicht gerade der Mensch ist, der somit die Aufgabe hätte, das korrekte Funktionieren des Ganzen zu koordinieren (doch hier schweift der Autor in den Bereich der Philosophie ab und befindet sich außerhalb der eigentlichen Theorie). Die Verwirklichung dieses Zieles wird aber immer dringlicher. Damit viele der apokalyptischen Prophezeiungen nicht Wahrheit werden, wird es auch notwendig sein, den Grundstein für eine tragbare Entwicklung zu legen, die die Gegenwart berücksichtigt, ohne zukünftige Generationen zu gefährden und die Wirtschaft in den Dienst des Wohlergehens der Menschheit und der Natur stellt.

BÜRGER DES PLANETEN

»Jeder von uns kommt von der Erde, ist von der Erde, ist auf der Erde«

Das Zeitalter der Nationen ist schon vorbei. Wenn wir nicht untergehen wollen, ist es Zeit, uns von den alten vorgefassten Schemata zu befreien und die Erde zu gestalten. Die Erde wird sich ihrer selbst nur durch eine Krise und deren Überwindung und Umgestaltung bewusst werden.« Dies sind die sehr zeitgemäßen Worte des Jesuitenpaters Teilhard de Chardin aus dem Jahre 1933, die einen Begriff vorwegnehmen, der heute immer mehr in den Vordergrund tritt: Die Rede ist von der Geburt eines Bewusstseins in Bezug auf unseren Planeten. Dies wurde mit anderen Worten auch deutlich von John W. Young, einem Astronauten, bei der Rückkehr von seiner fünften Reise auf den Mond mit *Apollo 11* ausgedrückt: »Dort unten, tief unter uns ist die Erde, ein wunderschöner blau-weißer Planet, leuchtend, die Heimat für uns Menschen. Und aus diesem Blickwinkel gibt es weder Weiße noch Schwarze, Trennungslinien zwischen Ost und West, Kommunisten oder Kapitalisten, Norden oder Süden. Wir alle bilden eine einzige Erde. Wir müssen lernen, diesen Planeten zu lieben, von dem wir ein kleiner Teil sind.«

»Wir leben heute noch in der Eisenzeit im Zeitalter unseres Planeten«, behauptet der französische Soziologe Edgar Morin, der unbeirrbar an die Geburt einer neuen Einstellung gegenüber der eigenen Identität und Staatszugehörigkeit glaubt: »Jeder von uns hat denselben Stammbaum und denselben irdischen Identitätsausweis. Jeder von uns kommt von der Erde, ist von der Erde, ist auf der Erde.« Es ist der Beginn einer neuen Zeitspanne, in der wir die engen Bindungen gegenseitiger Abhängigkeit, die die verschiedenen Realitäten und Gesellschaften unseres Planeten miteinander verbinden, nicht mehr ignorieren können.

Das Bewusstwerden dieser irdischen Gemeinschaft ist das Schlüsselereignis, das es uns ermöglicht, aus dem Zeitalter der

Barbarei herauszutreten, indem uns verständlich wird, dass das Schicksal unserer Spezies nur ein gemeinsames sein kann. Das Bild unseres Planeten ist vielleicht das einzige Symbol, das in der Lage ist, einen bedeutenden, ja grundlegenden Wert für jede einzelne Kultur auf dieser Welt darzustellen, ohne jemanden zu bevorzugen oder zu benachteiligen. »Die Erdenbürgerschaft anzunehmen bedeutet unsere Schicksalsgemeinschaft anzunehmen«, meint Edgar Morin in seinem Buch *Vaterland Erde*, »die Aufgabe ist groß und unsicher, und wir sind am Vorabend nicht des letzten Kampfes, sondern des ersten.«
Die Aufforderung, nicht nur auf eine bessere Welt zu hoffen, sondern sie durch persönlichen Einsatz mitzugestalten, kommt von einem brasilianischen Theologen, Leonardo Boff, der dem planetarischen Zeitalter viele Gedanken gewidmet hat. Es klingt fast wie eine jener biblischen Prophezeiungen, auf der ein Dialog zwischen Himmel und Erde aufbaut, der den Menschen in eine bessere Zukunft leitet: »Brüder und Schwestern in Träumen und Hoffnungen, in jedem von uns lebt ein Adler. Unsere Kultur und das System haben uns gezähmt und zu Hühnern gemacht, die in der Erde scharren. Aber wir sind zu Höherem, zu Unendlichem berufen. Befreien wir den Adler, der in uns schlummert. Lassen wir es nicht zu, dass wir zur Mittelmäßigkeit verdammt werden. Lasst uns in die Freiheit fliegen. Und reißen wir die anderen mit uns, denn in jedem von uns schlummert ein Adler. Wir alle sind Adler.« Vielleicht liegt die Zukunft wirklich in unseren Händen. Dann können wir unter all den Prophezeiungen jene auswählen, die gefühlsmäßig am stimulierendsten und einleuchtendsten für uns sind. Wir wissen, dass wir die Ärmel aufkrempeln müssen, um hocherhobenen Hauptes ins dritte Jahrtausend gehen zu können und ein neues Kapitel in der Geschichte der Menschheit zu schreiben.

BILDQUELLEN

S. 6: Hieronimus Bosch: *Der Garten der Lüste, Hölle,* 1503-04, Madrid, Prado.
S. 8-9: Giulio Romano: *Der Sturz der Giganten* (Ausschnitt), 1524-35, Mantua, Palazzo Te.
S. 11: *Miniaturen der Apokalypse.* Paris, Bibliothèque Nationale.
S. 12-13: *König Aegeus befragt das Orakel von Delphi,* griechische Vase aus dem 5. Jh. vor Christus - Matteo Giovannetti, *Ezechiel, Jeremias, Jesaja und Moses.* Avignon, Papstpalast.
S. 14-15: Richard Dadd, *The Fairy Feller's Master Stroke,* 1858-64. London, Tate Gallery.
S. 16: Edward Burne-Jones, *Die goldene Treppe,* 1888. London, Tate Gallery.
S. 18: Leonardo da Vinci, *Die Proportionen des menschlichen Körpers,* ca.1490. Venedig, Accademia.
S. 20-21: Picasso, *Guernica,* 1937. Madrid, Prado.
S. 22-23: Porträt von Nostradamus - Piemonteser Schule, *Szenen aus der Apokalypse.* Florenz, Biblioteca Laurenziana - *Das Gemetzel von Lyon,* 1973. Paris Musée Carnevalet.
S. 24-25: Seidenstoff aus der Ming-Periode mit der Darstellung eines Drachen.
S. 26-27: Ansicht des Felsendoms in Jerusalem - Französische Schule, *Hebräische Bibel mit Kandelaber.* London, British Museum.
S. 28-29: Ausschnitte aus *Guernica* von Picasso, 1937. Madrid, Prado - Aufnahme des Hailey-Kometen aus Ägypten vom 25. Mai 1910.
S. 32: Porträt von Giordano Bruno.
S. 34-35: Edvard Munch, *Der Schrei,* 1893. Oslo, Munch-Museet - Karl Schmidt-Rottluff, *Frau unter Bäumen,* 1914. Berlin, Kupferstichkabinett.
S. 36-37: Michelangelo, *Sintflut* (Ausschnitt), 1536-41. Rom. Vatikanische Museen, Sixtinische Kapelle.
S. 38-39: Matteo Greuter, *Karte des Erdballs.* Pegli (Genua), Civico Museo Navale - Jens Ferdinand Willumsen, *Berg unter der Sonne,* 1902. Stockholm, Thielska Galleriet.
S. 40-41: *Einzug der Tiere in die Arche,* Druck aus dem 19. Jh. Venedig, Procuratoria della Basilica di San Marco - Lombardische Schule, *Theatrum Sanitatis,* Miniatur eines Kastanienbaumes.
S. 42-43: Schule Raffaels, *Die Schlacht von Ponte Milvio,* 1519-24. Rom, Palazzi Vaticani, Konstantinssaal - *Vom Hagel zerstörte Städte,* Glasfenster. Paris, Sainte Chapelle.
S. 44-45: Hans Memling, *Das Jüngste Gericht* (Ausschnitt), 1466-73. Danzig, Pomorskie Museum.
S. 46-47: Französische Schule, *Apokalypse, Öffnung des sechsten Siegels und Anzeichen für das Ende der Welt.* Toulouse, Bibliothéque Municipale - Lünette mit Szene aus der Apokalypse, 11. Jh. Civate, Kirche San Pietro al Monte - Raffael, *Der hl. Michael mit dem Drachen,* 1505. Paris, Louvre.
S. 49: Luca Signorelli, *Hölle,* 1499-1503. Orvieto, Dom, Kapelle San Brizio.
S. 50-51: Raffael, *Die Begegnung von Leo I. mit Attila,* 1513-14. Rom, Palazzi Vaticani, Stanza d'Eliodoro - Taddeo di Bartolo, *Ansicht von Rom,* 1406-14. Siena, Palazzo Pubblico.
S. 53: Giotto, *Traum von Innozenz III.,* ca. 1290. Assisi, Basilica Superiore di San Francesco - Papst Johannes Paul II.
S. 54-55: John Constable, *Wolkenstudie,* 1822. New Haven, Yale Center for British Art, Paul Mellon Collection - *Laokoon,* Rekonstruktion aus dem 16. Jh. Rom, Vatikanische Museen.
S. 56-57: Beato Angelico, *Jüngstes Gericht, Hölle* (Ausschnitt), 1400-50. Florenz, Museo di San Marco.
S. 58-59: Henry Rousseau, *Die Schlangenbeschwörerin,* 1907. Paris, Musée d'Orsay.
S. 60-61: Frauenstatuette mit Tunika und Ketten aus Ibiza, 5. bis 6. Jh. Barcelona, Archäologisches Museum - Michelangelo, *Die Sibylle von Cumae,* 1508. Rom, Palazzi Vaticani, Sixtinische Kapelle - Giovanni Pisano, *Sibylle.* Siena, Museo Opera Duomo.
S. 62-63: Raffael: *Die Sixtinische Madonna* (Ausschnitt), 1513-14. Dresden, Gemäldegalerie.
S. 65: Bernardo Cavallino, *Unbefleckte Empfängnis,* 1645-50. Mailand. Pinacoteca di Brera.
S. 66-67: Ansicht der Basilika von Lourdes - Federico Barocci, *Madonna auf Wolken.* Bologna, Pinacoteca Nazionale - Leonardo da Vinci, *Die Felsgrottenmadonna,* 1503-06. London, National Gallery.
S. 68-69: Ansicht der Wallfahrtskirche von Fatima - *Ex voto, Die Wundertätige.* Mailand, Civica Raccolta Stampe Bertarelli.
S. 70: Plakette mit geflügelter Sphinx und Palmette, 6. Jh. Madrid, Archäologisches Nationalmuseum.

S. 72-73: Die Cheopspyramide in Gizeh - *Die Schaffung der Welt* aus dem *Totenbuch* von Khensumoses, einem Priester des Gottes Amun - Osiris, Gott der Wiederauferstehung und der Wiedergeburt, zwischen den Göttinnen Isis und Nephthys. Papyrus von Ani, British Museum.
S. 74-75: Miniaturinitiale aus einem Teil des Osterrituals, aus der *Haggadah* von Sarajevo - Ritueller hebräischer Kandelaber aus Stein - Druck mit einer Darstellung des alten Jerusalem.
S. 76-77: Budda Maitreya aus Stein - Tibetanisches Mantra. Rom, Sammlung Francesco Waldner.
S. 78-79: Zeichnung aus dem *Atlas der tibetanischen Medizin,* der die rituelle Zubereitung eines Elixiers zur Verjüngung darstellt. Russland, Museum der Geschichte Burjatiens - Tibetanischer Dämon und Gottheit beim Tanz. Rom, Sammlung Francesco Waldner.
S. 80-81: Anthropomorphe Statuette mit der Darstellung eines Jünglings in einer Blüte von der Insel Jaina, Campeche, Mexiko. Mexiko-Stadt, Anthropologiemuseum - Skulptur einer Figur mit einer katzenähnlichen Maske, vielleicht eine Sonnengottheit der unterirdischen Welt. San Cristóbal de las Casas, Centro Cultural de la Altos de Chiapas.
S. 82-83: Rituelle Statuetten der Hopi-Indianer - Bemalte Trommel aus Hirschleder im Besitz des Stammes der Ojibwa.
S. 86-87: B. del Boca, *Der Mensch der Zukunft.* Sammlung Del Boca - *Die Reise auf den Mars,* Plakat eines russischen Science-fiction-Filmes.
S. 88: Zeichnung, die die vier verschiedenen Arten von Kanälen der tibetanischen Medizin veranschaulicht. Russland, Museum der Geschichte von Burjatien.
S. 90-91: Der Planet Mars - Zeichnung eines Menschen, auf dem Wilmington-Berg in England angefertigt, angeblich das Werk von Außerirdischen - Foto angeblicher UFOs, die von der Erde aus gesichtet wurden.
S. 92-93: Krater, der sich in Nevada nach einer unterirdischen Atomexplosion bildete.
S. 95: William Blake: *Der große rote Drache und die Frau im Sonnenkleid.* Washington, National Gallery of Art.
S. 96-97-98: Beato Angelico, *Das Jüngste Gericht, Paradies* (Ausschnitt). Florenz, Cappella Medici Riccardi.
S. 99: Marc Chagall, *Der Prophet Jesaja.*
S. 101: Benozzo Gozzoli, *Die Freuden des Paradieses* (Ausschnitt). Florenz, Cappella Medici Riccardi.
S. 102-103: Symbol, das die Evolution und die Involution des Kosmos darstellt - Gustav Klimt, *Der Kuss,* 1908. Wien, Österreichische Galerie.
S. 104-105: Philipp Otto Runge, *Der Morgen,* 1808. Hamburg, Kunsthalle - Francesco Varetto, *Die Öffnung des Vorhangs.*
S. 106-107: William Blake, *Pietà.* London, Tate Gallery - Lotosblüte, Symbol der sich ausbreitenden Energie.
S. 108-109: *Lebensbrunnen* aus dem Evangelium des Medardus von Soisson. Paris, Bibliothèque Nationale - Mandala mit der Darstellung des Kosmos, der aus der Vereinigung des männlichen und des weiblichen Prinzips geboren wird - Francesco Varetto, *Sonnenengel.*
S. 110-111: Die zwölf Zeichen des Tierkreises in Albrecht Dürer, *Die nördliche Hemisphäre der Himmelskugel,* um 1515 - Iaia Nahmad, *Horoskop des 1. Januar 2000.*
S. 112-113: Giovanni Di Paolo, *Adam und Eva bei ihrer Flucht aus dem Paradies* (Ausschnitt), um 1440. New York, Metropolitan Museum of Art.
S. 116: Ansicht von Beirut während der israelischen Invasion im Libanon im Jahre 1982.
S. 118-119: Nahrungsmittelknappheit in Pakistan nach dem Wirbelsturm von 1963 - Paul Citroen, *Metropolis,* 1923. Leida, Gabinetto delle Stampe dell'Università.
S. 121: Marc Chagall, *Der grüne Violinist,* 1923-24. New York, Solomon Guggenheim Museum.
S. 122-123: Giuseppe Arcimboldi, *Vertunno - Rudolf II.* (Ausschnitt), um 1590. Schweden, Skoklosters Slott - Ia Bergonzoni, *Gaia mit der Erde schwanger.*
S. 125: René Magritte, *Die große Familie* (Ausschnitt), 1963. Belgien, Knokke-le-Zoute, Sammlung Nellens.

BIBLIOGRAPHIE

Argüelles, José, *O fator maya. Um caminho além da tecnologia,* Sao Paolo, Editora Cultrix Ltda 1991.
Bailey, Alice, *L'educazione nella nuova era* (Erziehung im neuen Zeitalter), Città di Castello, Unione Arti Grafiche, 1966.

Baschera, Renzo, *Le profezie di Rasputin* (Die Prophezeiungen Rasputins), Padova, Edizioni Meb, 1987.

Ben Jelloun, Tahar, *Il razzismo spiegato a mia figlia* (Der Rassismus, wie ich ihn meiner Tochter erklärte), Milano, Bompiani, 1998.

Boff, Leonardo, *Nuova era, la civiltà planetaria* (Das neue Zeitalter, die planetarische Gesellschaft), Assisi, Cittadella editrice, 1994.

Bologna, Gianfranco - Lombardi, Paolo, *Uomo e ambiente* (Mensch und Umwelt), Roma Gremese editore, 1986.

Buber Martin, *Politica e profezia* (Politik und Prophezeiung), Roma, Città nuova editrice, 1996.

Cagni Luigi (Hg.), *Le profezie di Mari* (Die Prophezeiungen von Mari), Brescia, Paideia Editrice, 1995.

Capra, Fritjof, *Il punto di svolta* (Wendezeit), Milano, Feltrinelli, 1984.

Capra Fritjof, *Il tao della fisica* (Das Tao der Physik), Milano, Adelphi, 1982.

Cellina, Federico, *1999-2015. Fine del mondo?* (1999-2015. Ende der Welt?), Roma, Edizioni Mediterranee, 1996.

Cerchio, Ifior, *Il canto dell'upupa* (Der Gesang des Wiedehopf), Genova, L'upupa, 1983.

Ciuffa, Giuseppe, *Le sibille e le predizioni che si vanno avverando* (Die Sibyllen und die Vorhersagen, die eintreffen werden), Roma, Desclée & C. Editori Pontifici, 1911.

Conforto Giuliana, *Luh, il gioco cosmico dell'uomo* (Luh, das kosmische Spiel des Menschen), Roma, Edizioni Noesis, 1998.

Danon, Marcella, *Che cosa è la New Age. Verso una coscienza planetaria* (Was ist New Age? Der Weg in ein planetarisches Bewusstsein), Milano, Sonzogno, 1998.

De Muro, M. A. - Valenti, O., *I giganti del cielo: Eugenio Siragusa* (Die Giganten des Himmels: Eugenio Siragusa), N.E.D.I.

Forman, H. J., *La storia della profezia* (Die Geschichte der Prophezeiung), Milano, Sonzogno, 1939.

Fromm, Erich, *Psicanalisi della società contemporanea* (Psychoanalyse der heutigen Gesellschaft), Milano, 1961.

Garaudy, Roger, *Per un dialogo delle civiltà* (Für den Dialog der Zivilisationen), Città di Castello, Cittadella editrice, 1977.

Gentili, Antonio, *Quanto manca alla fine?* (Wie viel Zeit bleibt bis zum Ende?), Torino, Società Editrice Internazionale, 1984.

Giorgi, Giorgio, *Il prossimo futuro* (Die nahe Zukunft), Milano, Armenia editore, 1976.

Jungk, Robert, *L'uomo del milennio* (Der Mensch der Jahrtausendwende), Torino, Einaudi 1975.

Karmohaksis, *Le prime luci della terza era* (Die ersten Lichter des dritten Zeitalters), Roma 1959.

Krofer, Hans, *Profeti e profezie* (Propheten und Prophezeiungen), Monte Cremasco, Edizioni Cartedit, 1993.

Lovelock, Jim, *Gaia, Nuove idee sull'ecologia* (Gaia, Neue Ideen in Bezug auf die Ökologie), Torino, Billati Boringhieri Editore, 1981.

Manning, James, *Prophecies for the new millennium,* London, Thames & Hudson, 1997.

Maslow, Avraham, *Verso una psicologia dell'essere* (Auf dem Weg zu einer Psychologie des Seins), Roma, Astrolabio, 1971.

Monmouth, Goffredo di, *Storia dei re di Britannia* (Geschichte der Könige Britanniens), Parma 1989.

Moretti, Gian, *Mamma Rosa, umile strumento del cielo* (Mamma Rosa, das bescheidene Instrumentarium des Himmels), San Damiano, Liliym edizioni 1991.

Morin, Edgar, *Terra-Patria* (Heimatland Erde), Milano, Raffaello Cortina Editore, 1994.

Penna, Aurelio, *Mille e non più mille* (Wenn die tausend Jahre vollendet sind), Milano, Giovanni De Vecchi Editore, 1996.

Pinotti, Roberto - Malanga, Corrado, B.V.M. *Beata Vergine Maria, le manifestazioni mariane in una nuova luce* (Glückliche Jungfrau Maria, die Marienerscheinungen in einem neuen Licht), Milano, Mondatori, 1995.

Rissaut, P. Innocent, *Verso la fine dei tempi* (Das Ende aller Zeiten), Padova, Alce, 1948.

Roche de Coppens, Peter, *Apocalypse now, The challenges of our times,* Minnesota, Llwellyin Pubblications, 1988.

Ross, Allen (Ehanamani), *Mitakuye oyasin: »tutto è correlato«* (Mitakuye oyasin: »Alles hängt zusammen«), Giaveno, Edizioni Amrita, 1997.

Schaefer, H., *Dialog mit Claudius,* Drei Eiche, 1992.

Shumacher, Ernst F., *Piccolo è bello* (Klein ist schön), Milano, Mondadori, 1978.

Spirito, Ugo, *Che cosa sarà il futuro* (Was bringt die Zukunft), Roma 1977.

Volbden, A., *Dopo Nostradamus* (Nach Nostradamus), Roma, Edizioni Mediterranee, 1972.